r 51487

Paris
1836

WYSS, J.R

Soirées de l'ermitage

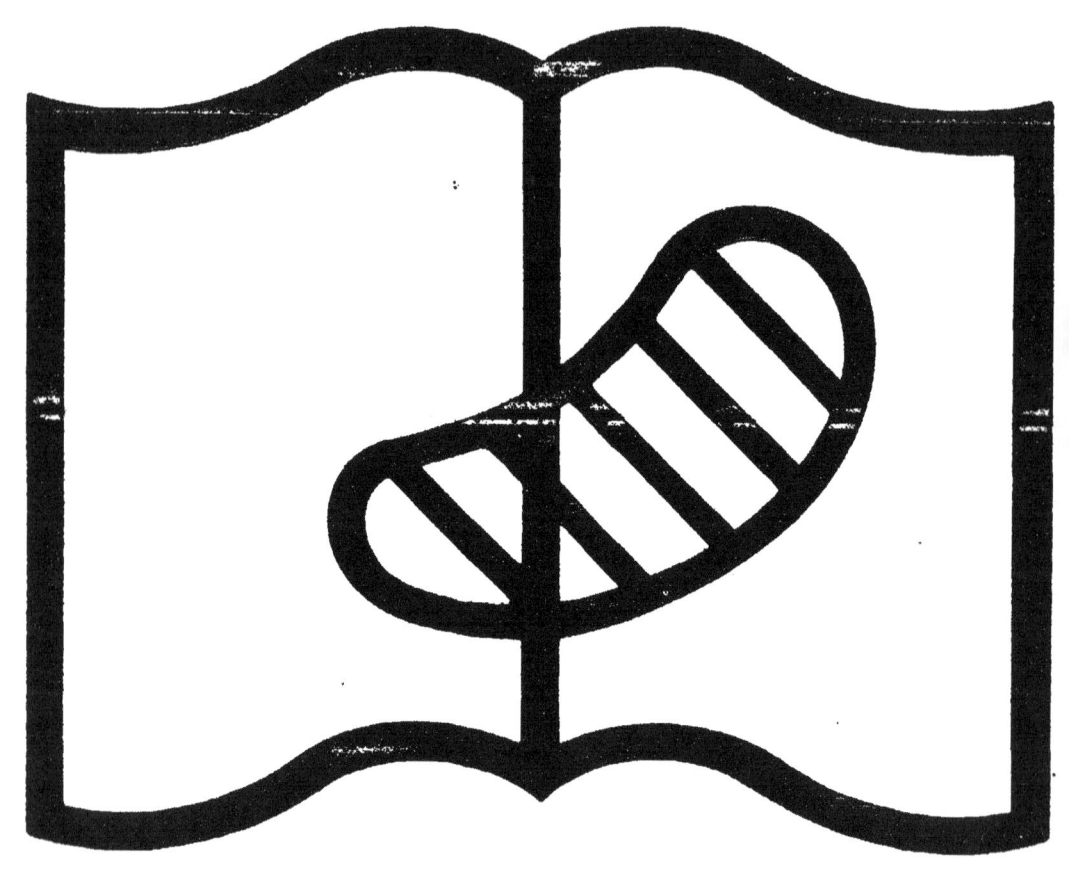

Symbole applicable
pour tout, ou partie
des documents microfilmés

Original illisible

NF Z 43-120-10

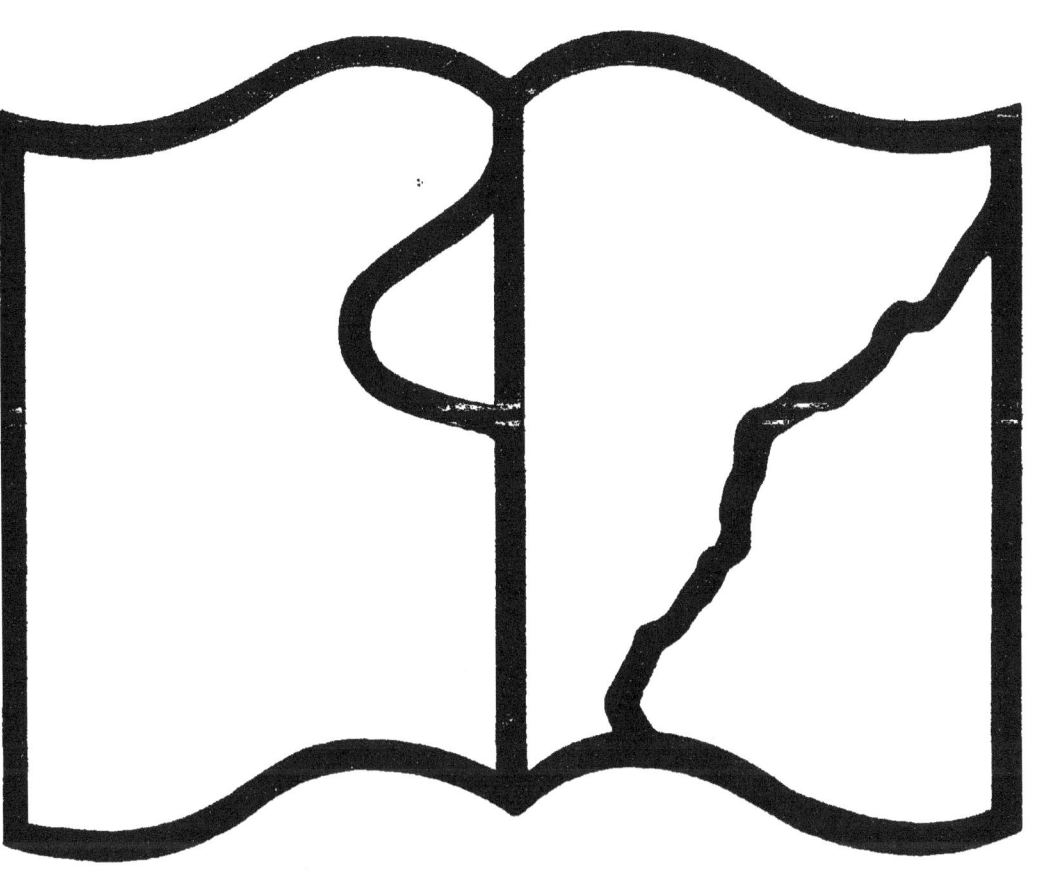

Symbole applicable
pour tout, ou partie
des documents microfilmés

Texte détérioré — reliure défectueuse

NF Z 43-120-11

SOIRÉES

DE L'ERMITAGE.

PARIS. — IMPRIMERIE ET FONDERIE DE FAIN,
Rue Racine, 4, Place de l'Odéon.

Ermite du mont Pilate.

SOIRÉES DE L'ERMITAGE,

RÉCITS ET NOUVELLES

DANS L'ILE DÉSERTE,

PAR L'AUTEUR DU ROBINSON SUISSE,

TRADUITS

PAR M. LAPIERRE.

Paris.

AUDIN, LIBRAIRE, QUAI DES AUGUSTINS, 25,
DEBECOURT, RUE DES SAINTS-PÈRES, 69.
=
1836.

L'ERMITE
DU MONT PILATE.

SCÈNE DES ALPES.

Déjà le jour commençait à poindre, mais le soleil ne se montrait pas encore à l'horizon. Un vent frais le précédait dans sa route et balayait devant lui les vapeurs et les nuages qui auraient pu voiler son éclat, ou le dérober aux yeux des mortels.

Dans ce moment aussi s'ouvrait la porte de l'ermitage du mont Pilate. Frère Ulhard en sortait pour se rendre sur la sommité voisine où il avait coutume d'aller chaque matin méditer la parole de Dieu, et offrir à son Créateur ses actions de grâce et ses prières. Il avait arrangé, sur une saillie de roc qui surplombait sur un abîme, une espèce de siége où il venait s'asseoir à chaque lever de l'aurore, quand le temps le lui permettait. Là, séparé du monde, suspendu en quelque sorte entre le ciel et la terre, étranger aux bruits, aux intérêts, aux misérables querelles qui divisent l'humanité, il se recueillait en face de cette nature immense; calme, obéissant, il interrogeait son silence, il faisait devant Dieu le compte de ses fautes. C'est là qu'il puisait, dans la prière, la force de poursuivre son pélerinage chrétien; c'est là qu'il consacrait sa journée au Seigneur et qu'il en réglait l'emploi; de là il bénissait la contrée, et mesurant l'espace des cieux qui s'étendait sur sa tête, il cherchait, d'un regard affaibli, à entrevoir la route de cette éternité où il allait bientôt s'élancer sur les ailes des anges Le sentier qui conduisait au reposoir de l'ermite traversait une forêt de sapins et de mélèzes, et montait peu à peu vers les crêtes de la montagne, où il disparaissait à l'endroit où la végétation cessait elle-même de pouvoir subsister.

Frère Ulhard était un beau vieillard de soixante et dix ans. Sa jeunesse avait été agitée et ternie par beaucoup d'excès; poussé par une humeur inquiète, il avait fait de nombreux voyages, vu beaucoup de choses; il avait joui de tout ce que les hommes appellent biens et plaisirs, et n'ayant trouvé au fond de toutes ces choses qu'amertume et regrets, il s'était senti pressé de retourner à la source du repos, à la parole immuable, *à Dieu*. Rentré dans sa patrie, il éprouva bientôt le désir de faire partager à ses semblables les trésors de joie et de paix qu'il avait trouvés dans la connaissance de son Sauveur. Il vit autour de lui beaucoup d'âmes qui vivaient sans l'aimer, sans le connaître peut-être; il se sentit surtout pressé de l'annoncer à cette foule de bergers qui passent une moitié de l'année sur les Alpes, loin de tout secours religieux; il lui semblait que la position isolée de ces hommes, leurs longs loisirs, l'absence des séductions du monde, et surtout la présence continuelle de cette magnifique et gigantesque nature, où Dieu a tracé en si grands caractères sa puissance et son éternité; tout cela réuni devait faire de ces hommes, pensait-il, des êtres accessibles aux idées religieuses. Il demanda donc et obtint la permission de se bâtir un gîte sur l'un des versans du mont Pilate.

près du petit lac qui porte le même nom. C'est de ce modeste ermitage que nous venons de le voir sortir pour monter *sur les hauts lieux* offrir le sacrifice du matin ; c'est dans cette habitation qu'il vivait depuis une trentaine d'années environ, isolé, mais non pas seul.

On se ferait difficilement une idée de la vie rude et laborieuse que menait frère Ulhard. A la vérité, il s'imposait peu de jeûnes et de pénitences ; mais il remplaçait ces pratiques religieuses, si peu utiles et si peu méritoires quand elles ne sont pas le fruit d'un cœur changé, par un travail assidu et une activité infatigable. Il avait divisé la montagne en districts, et chaque jour il s'imposait l'obligation d'en visiter un. Or, il lui fallait quelquefois marcher quatre et cinq heures de suite dans les rochers ou dans les bois pour parvenir à un châlet ; mais il se souciait peu des fatigues de son corps, s'il rentrait le soir chez lui avec la joie d'avoir réveillé une âme endormie, ou d'avoir saisi dans la conversation des bergers une parole qui annonçât un repentir réel et un retour sérieux à la religion. Dans les longues courses qu'il entreprenait chaque jour, frère Ulhard s'occupait aussi à cueillir les plantes médicinales dont l'expérience lui avait appris l'usage, soit pour les maladies des hommes, soit pour celles des bestiaux. Il s'était fait médecin des corps pour faire d'autant mieux accueillir le médecin de l'âme, car il savait que l'homme a un penchant naturel à écouter avec bienveillance, pour les choses du ciel, celui qu'il voit disposé à lui faire du bien pour les choses de cette terre.

Frère Ulhard mettait dans ses soins une activité et un désintéressement qui écartaient de lui toute idée d'intérêt personnel. Il voulait que l'on fût bien persuadé que c'était en vue de Dieu seulement qu'il agissait, et, pour cet effet, il donnait gratuitement ce qu'il avait reçu gratuitement, selon le précepte de Jésus-Christ. Dans ses momens de loisir, il lui en restait bien peu, je vous assure, son occupation était de cueillir de l'herbe pour la provision d'hiver des deux chèvres qui faisaient toute sa richesse, ou d'amasser du bois pour braver le froid de la mauvaise saison.

Le sentier que suivait l'ermite pour arriver aux cimes du Pilate traversait, comme je l'ai dit, une forêt de sapins. Une obscurité profonde y régnait encore. Le jour, qui ne faisait que poindre à l'horizon, grisonnait à peine sur le sommet des plus hauts arbres ; le sentier était obscur, on n'entendait absolument rien que les pas de l'ermite, qui faisaient craquer les branches mortes, et les bouffées du vent du matin qui traversaient le bois, en formant, dans les branches, des sons mélodieux et plaintifs.

Pour le montagnard ignorant et superstitieux, ces murmures vagues et cette nuit auraient été de grands sujets d'effroi, car il n'y a aucune partie de la Suisse sur laquelle les traditions populaires débitent plus de fables terribles que sur cette portion du mont Pilate qui avoisine le lac. L'or du monde entier n'engagerait pas le berger des environs à traverser ces lieux quand le soleil est tombé sous l'horizon, et vous trouveriez sans peine des hommes, dans la force de l'âge, assez forts et assez courageux pour attaquer un ours et le vaincre, qui tremblent au seul nom du mont Pilate, et ne permettraient à personne de se moquer de leur crédulité de peur d'attirer sur eux la malveillance des esprits qui y habitent.

De semblables terreurs n'existent pas pour le chrétien. La présence de son Dieu sanctifie les sites les plus affreux, il voit partout le temple de son père; partout il sent sa main, et si Dieu est pour lui, qui pourrait être contre lui? Frère Ulhard, en marchant dans ces lieux redoutés, ne pensait même pas qu'il pût y avoir d'autre danger pour lui que la rencontre d'une pierre ou d'une racine qui aurait pu le faire broncher; cette grande voix des forêts, source de terreur pour l'homme grossier, n'était pour lui que l'hymne de la chose créée à son Créateur, le salut matinal de la terre au ciel. Il sentait même son esprit si libre, si bien à l'aise dans ce bois plein d'un religieux silence, qu'il éleva vers le ciel sa voix pieuse, et chanta d'une voix grave et retentissante ces quatre strophes qui expriment si bien la lassitude d'un chrétien qui remue depuis soixante-dix ans la poudre de ce monde, et qui n'espère de repos que dans la réunion avec son Dieu.

Hélas! ils sont nombreux les moments de nos peines!
Souvent nos durs sentiers traversent le désert;
Mais la même, oh! mon Dieu! jaillissent tes fontaines,
Là même ton rocher nous reçoit à couvert.

Ermite voyageur! ne crains pas la tempête;
Ne crains pas du midi les pesantes ardeurs;
Ne vois-tu pas Jésus, qui dès long-temps apprête
Ce refuge où, vers lui, cesseront tes langueurs?

Non, dans les sombres jours de ta marche pénible,
Jamais, ô racheté, tu n'es seul ici-bas,
Ton ami, ton sauveur, se tient, quoiqu'invisible,
Sans cesse à tes côtés, et veille sur tes pas.

Avance donc en paix: poursuis vers ta patrie
Le chemin que ton Dieu t'a lui-même tracé;
Et pense que Jésus dans le ciel pour toi prie,
Lorsqu'ici tu te plains de fatigue oppressé.

En prononçant les derniers mots de ce chant religieux, l'ermite, un peu essoufflé, s'arrêta et s'assit sur le tronc mousseux d'un sapin tombé de vieillesse au bord du sentier. Le jour déjà plus vif lançait sur les pâturages de la montagne de longs jets de lumière qui donnaient à leur verdure l'éclat le plus brillant. Chaque roche isolée, chaque plis de terrain projetait encore des ombres alongées qui marbraient les prairies de taches sombres, et formaient comme une demi-teinte, une transition entre les parties éclairées par le jour naissant et les forêts noires et humides encore des vapeurs de la nuit. L'ermite avait souvent eu l'occasion d'offrir l'hospitalité à des artistes voyageurs; il les avait vus s'épuiser en vains efforts pour reproduire ces effets de lumière dont se pare la nature à chaque lever du soleil, il les avait entendus avouer l'impuissance de l'art à imiter de telles choses, et jamais il ne les avait revus depuis sans penser à la folie de ceux qui reconnaissent que l'homme ne peut rien créer de semblable et qui refusent néanmoins d'en donner gloire à Dieu.

Il faisait ces réflexions pour la centième fois peut-être, quand il crut entendre une voix moduler assez près de lui un chant qu'il n'avait jamais entendu dans la bouche des pâtres du mont Pilate. Il prête l'oreille un instant, penchant la tête du côté d'où paraissaient venir les sons; puis s'avançant à travers les arbres vers la lisière du bois, il aperçut bientôt un métayer et un enfant occupés à rassembler un troupeau de vaches pour les conduire sans doute au châlet, car c'était l'heure de les traire.

Le chant du montagnard n'était ni harmonieux ni savant, ce n'était autre chose qu'une suite de notes coulées, tantôt en montant, tantôt en descendant la gamme;

mais ce chant était approprié à l'atmosphère sonore de la montagne, et retentissait avec charme d'échos en échos.

Ho! ho! ho! chantait le berger, gloire à Dieu, gloire en tous lieux; hoé! hoé! ho! priez Dieu dans les hauts lieux; hoé! ho! ho! ho! hoé! invoquez son nom divin; hoé! hoé! hoé! priez-le dès le matin; ho! ho! ho! aux Alpes il donne leur verdure, hoé! hoé! ho! hoé! sa main protége la nature; ho! ho! hoé! gloire due au grand Dieu des cieux; ho! ho! hoé! ho! priez-le dans ces hauts lieux.

L'écho du bois répéta la bénédiction du pâtre, et l'ermite répondit, amen! C'était pour la première fois qu'il entendait la voix d'un montagnard appeler dès l'aurore la bénédiction divine sur les travaux de la journée, et rendre grâce à Dieu des biens dont il comble l'homme jusque dans les hautes régions des Alpes. C'est donc un chrétien, pensait-il, surpris et ému; mais d'où vient que je ne le connais point encore, serait-ce un nouvel habitant de ce châlet? voyons, j'ai rencontré beaucoup de mes semblables sur ces monts, mais ma main n'a point encore serré celle d'un père.

Au moment où l'ermite était prêt à accoster le berger, celui-ci se retourna machinalement de son côté; mais à la vue du vieillard, l'effroi se peignit subitement sur sa figure, ses bras se raidirent, il parut un moment enraciné au sol. « Seigneur Dieu, » s'écria-t-il d'une voix altérée en faisant un signe de croix, « l'esprit, l'esprit... » et ramassant une grosse pierre il la lança de toute sa force contre Ulhard, et s'enfuit vers le châlet avec tant de précipitation, que les vaches effrayées de son brusque mouvement se dispersèrent en tous sens.

L'ermite évita le coup, mais son étonnement était extrême. Comment concilier les sentimens pieux du montagnard et cette attaque que rien ne motivait? Comment unir une si grande confiance en Dieu à tant d'effroi? A force d'y réfléchir il s'avisa de penser que son capuchon pointu qu'il avait rabattu sur sa tête à cause de l'humidité du matin, sa longue barbe blanche et la peau de chèvre qu'il portait sur ses épaules en guise de pelisse, pouvaient bien lui avoir donné un air surnaturel aux yeux d'un homme qui ne l'avait encore jamais rencontré dans cet accoutrement.

Cependant le bovairon[1], voyant ses vaches fuir de tous côtés comme à l'approche d'un ours ou d'un loup, accourut avec son fouet pour les rassembler de nouveau. Dès qu'il aperçut l'ermite il s'approcha de lui comme d'un ami, reçut sa bénédiction et l'invita à entrer au châlet.

— Volontiers, répondit père Ulhard, je serai bien aise de me faire voir de plus près à ce grand poltron qui a pris la fuite devant moi.

— Il ne faut pas lui en vouloir, bon père, Kilian n'est que depuis dix jours sur cette montagne, et les habitans de la plaine, sachant qu'il venait passer ici quelques mois, lui ont rempli la tête d'un tas de contes terribles dont beaucoup sont faux ; car nous autres, qui habitons le Pilate depuis notre enfance et qui avons aussi des yeux à la tête, nous n'avons jamais rien vu de pareil à ce que l'on raconte.

[1] On donne ce nom dans les Alpes suisses, au petit garçon chargé de guider les troupeaux dans les herbages et de les y surveiller. Le mot français *bouvier* n'offre pas le même sens, il indique plutôt le conducteur d'un attelage de bœufs, que celui qui les fait paître. Le bovairon d'ailleurs ne fait paître que des vaches.

— Oui, oui, reprit l'ermite, l'homme aime mieux croire des absurdités que de ne rien croire; mais de quel fantôme a donc voulu parler ton Kilian? y en aurait-il eu par hasard, dans la riche collection de ceux qui peuplent ces bois, qui eût ma figure, ma tournure ou mon habit?

— Non, mon père, l'esprit dont parlait Kilian a la forme d'un nuage. J'en ai bien peur aussi, allez. Il saute de montagne en montagne, comme un écureuil du sommet d'un sapin à un autre. Il rôde autour des châlets pour jeter du sable aux yeux des gens, il trait les vaches dans les pâturages ou les conduit vers les crevasses, il leur bourdonne aux oreilles pour les effrayer, il crie et beugle, éclate de rire ou pleure, selon ses projets; jamais il ne dort; c'est, vous le voyez, un démon bien redoutable. Je pense que Kilian vous a pris pour lui.

— Oh, oh, répondit l'ermite en riant, c'était me faire beaucoup d'honneur. Mais chaque jour j'apprends quelque chose de nouveau avec vous autres. Hier encore un bûcheron me contait l'histoire d'un esprit d'un autre genre, qui lui liait ses fagots à mesure qu'il les coupait.

— Cela se peut, répondit l'enfant d'un air persuadé.

Ils entrèrent au châlet et trouvèrent Kilian agenouillé devant un crucifix. Il se retourna au bruit de leurs pas, et ses yeux rencontrèrent le regard de l'ermite. — Seigneur Jésus, protégez-nous ! dit-il à voix basse, agité par un reste de peur. — Amen, répondit l'ermite en rejetant son capuchon sur ses épaules et découvrant sa belle tête blanche et chauve.

— Quoi, s'écria le berger du ton d'un homme que l'on délivre d'un grand poids, vous invoquez aussi le nom du Christ? Seriez-vous l'ermite du mont Pilate dont les gens disent tant de bien?

Ulhard fit un signe affirmatif.

— Que le ciel en soit loué ! reprit Kilian, vous m'avez causé une terrible frayeur. Mais à quoi ne peut-on pas s'attendre sur cette montagne? Depuis que j'y habite je n'ai pas encore eu un jour de tranquillité; aussi je vous promets bien que l'on ne m'y fera jamais remonter, une fois que je l'aurai quittée.

— Kilian, répartit l'ermite avec douceur,

ne disais-tu pas tout à l'heure, en parlant de Dieu :

> Aux Alpes il donna leur verdure,
> Sa main protége la nature.

Quelle idée te fais-tu donc de la protection de Dieu si tu la crois incapable de te garder des piéges d'un fantôme?

Tandis qu'ils causaient ainsi, Hans, le bovairon, avait placé sur la table une grande gamelle de lait chaud, un quartier de fromage, et un gros pain. Une cueiller de bois d'érable nageait sur l'immense écuelle et ressemblait assez à une pirogue à flot sur un bassin. L'ermite se mit à table, dit ses grâces, et attaqua le déjeuner avec un appétit qui causa à Kilian une véritable satisfaction, parce qu'il y voyait une preuve de la nature charnelle et humaine de son hôte.

— On t'a donc conté de bien terribles choses sur le compte de notre montagne? reprit père Ulhard, après avoir satisfait son appétit; Dieu sait que d'absudités on a ajoutées à sa véritable légende! Dieu sait même si tu la sais cette légende!

— J'ai beaucoup entendu parler de diables et d'esprits, mais personne ne m'a conté la moindre histoire qui eût l'apparence de raison. Si la centième partie de ce que l'on m'a dit est vrai, cette montagne est le coin de terre le plus abominable que l'on puisse trouver ; je m'étonne seulement d'y rencontrer des hommes pieux comme vous, et heureux comme Hans.

— On t'a débité des sottises, j'en étais sûr. Tiens, si tu as un moment de loisir je vais te conter la véritable histoire de notre lac, car je suis jaloux de rétablir sa réputation.

Kilian décrocha du mur une de ces petites chaises rondes à un pied, dont on se sert en Suisse pour traire les vaches ; il s'assit en face de l'ermite, le dos appuyé contre la muraille, les deux bras croisés sur sa poitrine. Le bovairon, moins curieux parce que la légende lui était déjà connue, continua à vaquer aux travaux intérieurs du châlet ; mais on voyait, aux précautions qu'il prenait pour ne point marcher lourdement et pour ne faire aucun bruit en déplaçant les objets dont il avait à se servir, que ce récit l'intéressait encore, qu'il y prêtait volontiers l'oreille.

— Vous savez, dit l'ermite, que Ponce

Pilate était gouverneur de la Judée du temps du Sauveur, et qu'il exerçait sa charge avec dureté et avarice. L'empereur de Rome, qui désirait depuis long-temps voir Jésus à cause des miracles qu'il opérait, se courrouça violemment quand il apprit que son gouverneur venait de le faire mourir. Il lui envoya l'ordre de se rendre sur-le-champ à Rome pour rendre compte de sa conduite; et bien que Pilate vît bien qu'il n'y avait pour lui ni pardon ni grâce à espérer de son maître, il obéit cependant, assez inquiet, assure-t-on, des suites de cette affaire.

Il se présente devant l'empereur, la tête basse, l'air suppliant. Par un caprice qui ne se peut expliquer, ce prince, qui avait prononcé contre lui les plus terribles menaces, se lève de son trône en le voyant entrer, le salue avec bonté, l'encourage, l'accueille avec des paroles affectueuses, et semble avoir oublié sa colère pour le questionner sur la vie et les actions du Sauveur, sans dire un seul mot de sa mort et de sa propre conduite à lui. Ponce Pilate, encouragé par l'indulgence de son maître, se rassure, relève sa tête; mais à peine a-t-il fait voir son visage que les seigneurs, les gardes et les courtisans reculent saisis d'effroi. L'empereur lui-même change subitement de disposition. Sa colère se ranime, elle éclate en paroles menaçantes et en durs reproches. Pilate, atterré, baisse de nouveau le front; l'empereur s'apaise aussitôt, la bienveillance efface l'indignation dont son cœur débordait. La même chose se répéta trois fois. Dès que Pilate levait le front, tous ceux qui l'envisageaient reculaient et s'indignaient; quand il baissait la tête, chacun se sentait disposé à le plaindre.

Frappé de sentir en son cœur de si brusques changemens, l'empereur César soupçonna qu'il devait y avoir quelque chose de surnaturel sur la personne de son gouverneur: il le fit conduire en prison, ordonna qu'on le dépouillât de ses vêtemens, afin de s'assurer s'il ne portait pas un talisman, et pendant que cet ordre s'exécutait, il se mit à délibérer avec les sénateurs de son conseil, et prononça la peine de mort contre le juge inique du Fils de Dieu.

On ne tarda pas à découvrir ce qui avait exercé une si grande influence sur les dispositions de l'empereur et de sa cour. Pilate, inquiet, comme je te l'ai dit, de l'ordre qui lui avait été donné de se rendre à Rome, et sentant en sa conscience qu'il avait mérité les châtimens des plus grands coupables, avait songé, en quittant la Judée, à se cuirasser, pour ainsi dire, contre le mécontentement de César. Pour cet effet il avait acheté la robe de Jésus du soldat à qui elle était échue par le sort, et il s'en était revêtu. Sa confiance, tu l'as vu, n'avait point été trompée, tant que l'empereur n'avait vu que la partie de son corps couverte par la robe sans couture, et il aurait probablement obtenu sa grâce s'il avait eu le bon sens de toujours baisser le front.

Ramené dans son cachot après le prononcé de sa sentence, le misérable, ne pouvant supporter l'idée du supplice, s'étrangla de ses propres mains. Les gardes trouvèrent le matin son cadavre sur les dales de la prison, et le jetèrent dans le Tibre, comme le corps d'un chien crevé.

Mais le diable, à qui ce corps appartenait, arriva, avec des légions de démons, à l'endroit où il gisait, et bouleversa tellement la nature par sa présence, que les habitans de Rome, consternés de voir la grêle, la foudre et des torrens de pluie fondre sans relâche sur leur ville, dont le ciel est toujours si serein, cherchèrent quelle pouvait être la cause de cette calamité, et demandèrent que le cadavre du juge inique fût repêché et jeté en pleine mer. Roulé par les vagues, ce corps maudit fut poussé sur les côtes de France, dans les parages où le Rhône mêle ses eaux à celles de la mer. Le diable, fidèle à sa proie, fit bientôt peser sur ces côtes les mêmes calamités dont il avait affligé Rome. Le corps de Pilate fut encore enlevé et jeté en divers endroits, d'où on l'expulsait bien vite sitôt que l'on s'apercevait qu'il était une cause de désolation. Enfin on l'apporte dans ce désert, où il n'y avait encore ni hommes ni habitations d'homme, et où l'on ne rencontrait alors que des ours et quelques chamois timides. Ce ne fut que cent ans après ces événemens que les premiers habitans de cette Suisse maintenant peuplée, et florissante, y arrivèrent, poussés par la misère qui les harcelait dans les forêts de la Souabe. Ils s'approprièrent, par leur travail et leur courage, ces plaines et ces montagnes ; il y en eut même, comme tu le vois, d'assez hardis pour venir bâtir leurs châlets jusque sur les bords de l'abîme où le corps du meurtrier du Seigneur est enchaîné.

— Mais, mon père, objecta Kilian après un instant de méditation, n'est-il pas à craindre que le diable ne.....

La détonation d'une arme à feu, majestueusement redite par les échos, coupa court aux réflexions du berger.

— Jésus Maria ! s'écria-t-il en fuyant vers un coin du châlet, voici Pilate, voici le diable ; grand saint Antoine, ayez pitié de nous !

— Te tairas-tu, grand sot, lui cria l'ermite en se levant pour observer de la fenêtre ce qui se passait au dehors. Qu'y a-t-il donc de si terrible dans le bruit d'un coup de carabine qui rebondit contre les rochers ? Où est donc ta confiance, chrétien timide ? Dieu ne garde-t-il pas ceux qui se confient en lui, qui croient à sa providence ? Sors donc de ton coin, te dis-je, les fantômes sont dans ta tête.

En cet instant, Hans le bovairon, qui s'était glissé hors du châlet dès qu'il avait entendu le coup de feu, rentra dans la chambre en criant de toutes ses forces :

— Venez, frère, venez vite, il m'a semblé entendre des cris de détresse dans la direction de l'aiguille de Widerfeld ou de Gemsmats. Ne serait-ce point un chasseur surpris par un loup ou par un ours?

— Plût à Dieu que ce ne fût que cela! s'écria Kilian en saisissant dans un coin de la cheminée un énorme dordel ferré. Je ne redoute rien de tout ce qui a chair et pieds, fût-ce même un dragon ou la grande bête de l'Apocalypse. Je ne crains que les fantômes.

— Allons, répondit l'ermite en riant, je vois qu'il y a du vrai sang de Suisse dans ce cœur; mais des paroles ne suffisent pas. Tout chrétien est tenu de répondre au cri de détresse de son semblable; nous serions responsables du mal que nous aurions laissé faire près de nous, puisque nous sommes les seuls êtres humains à portée d'entendre le cri qui vient d'être poussé.

Le bovairon s'empara d'une hache qu'il se mit à brandir au-dessus de sa tête d'un air de défi, tandis que Kilian jetait, dans le foyer où chauffait l'énorme chaudière pleine de lait, quelques branches d'arbres pour entretenir le feu jusqu'au moment où le garçon de ferme aurait le temps de faire le fromage du jour.

Ils sortirent tous trois. C'était une chose curieuse de voir cheminer côte à côte, sur la pente verte de la montagne, ce vieil ermite, à longue barbe, entre ces deux bergers des Alpes ; de les voir armés, l'un d'un rosaire comme s'il se rendait à un saint pèlerinage, l'autre d'une hache comme pour dévaster une forêt, le troisième d'un pieux comme pour soulever une montagne. Il était intéressant de les voir marcher d'un pas rapide sans savoir où ils allaient, arrachés tous trois à leurs occupations, tous trois si différens d'âge, de science et de forces, poussés tous trois par un sentiment de charité qui les ramenait ainsi à cette unité chrétienne, la seule possible en ce monde. Je le répète, c'était chose curieuse et intéressante à la fois.

A peine avaient-ils fait trois cents pas que Kilian, s'arrêtant soudain, se frappe le front comme un homme qui fait une réflexion subite :

— J'ai bien envie, dit-il à l'ermite, de retourner au châlet attacher dans l'écurie le coq blanc que j'ai apporté de la plaine.

— Qui se soucie de ton coq blanc? lui répondit l'ermite, je te réponds qu'il n'y a personne sur cette montagne assez coquin pour te le voler.

— Ce n'est pas non plus ce que je crains. Mais vous n'êtes pas là sans savoir quelle quantité de serpens il y a dans ces rochers, et combien ces maudites bêtes sont avides de lait. On en a vu se rouler autour des jambes des vaches et les téter jusqu'au sang. C'est bien pis encore quand les bêtes sont à l'étable. Les serpens arrivent, se glissent sous elles et leurs vident les tétines. Vous sentez qu'un berger soigneux ne saurait voir ce pillage de sang-froid, et pour écarter les serpens il n'est rien de plus efficace qu'un coq blanc. Jamais on n'a vu de reptiles dans une étable où l'on avait soin d'en attacher un.

— Cela se peut, répondit l'ermite; mais ton lait, dût-il être bu aujourd'hui jusqu'à la dernière goutte, nous avons quelque chose de plus important à faire. Viens sans tarder.

— Juhéissa! Juhéissa! cria le bovairon en atteignant le premier le sommet de la pente qu'ils venaient de gravir. Ne reprendrons-nous pas haleine ici, mon père? voici un filet d'eau pour nous rafraîchir.

— Je le veux bien, dit l'ermite, car je suis haletant et couvert de sueur. Vois-tu, Kilian, maître poltron, celui qui fait couler cette source à quelques cents pieds au-dessus de la plaine, n'est-il pas plus puissant sur nos montagnes que les fantômes dont tu as l'imagination remplie? Sais-tu l'histoire de ce ruisseau? On l'appelle *la source de Mai* [1], et j'ose dire qu'elle est un témoignage vivant, entre tant d'autres, de la bienveillance de Dieu pour ses créatures. Elle tarit à l'entrée de l'hiver, un peu après le temps où les troupeaux quittent la montagne; mais au premier souffle du printemps, dès que les bergers se préparent à regagner leurs herbages, la source recommence à couler. Au mois de mai, ce n'est encore qu'un mince filet d'eau; dès le mois de juin, ses ondes sont plus abondantes, et plus les chaleurs augmentent ensuite, plus elle semble grossir aussi. Voilà de ces prodiges qui se passent journellement sous vos yeux, et aux-

---

[1] *Maibrunnen*, ce nom doit être gravé dans la mémoire des touristes.

quels vous ne prenez pas garde, tandis que la moindre absurdité vous trouve attentif et crédule.

Ils s'assirent tous trois sur des fragmens de pierres réunis sur le bord de la source par les bergers qui viennent chaque jour y faire station pour abreuver leurs vaches et s'y désaltérer eux-mêmes. La vue magnifique qui s'étendait alors sous leurs yeux attira bientôt leur attention. A leurs pieds, mais sept ou huit cents toises plus bas qu'eux, s'étendait, comme un miroir poli, le lac des quatre cantons, et les riches vallées qui l'encadrent, ses fertiles prairies, semées de villages, Lucerne, la vieille capitale de la vieille Suisse, et à l'horizon le Rigi superbe, l'égal du Pilate en beauté, son rival en réputation et en merveilleuses légendes.

Après s'être désaltérés et avoir rafraîchi leurs tempes par une lotion d'eau fraîche, comme ne manquent jamais de le faire ceux qui ont l'habitude de parcourir les montagnes, ils se levèrent ; mais, en examinant les plantes qui croissaient près de ruisseau, l'ermite y remarqua plusieurs vulnéraires qu'il n'avait encore trouvés nulle part en aussi grande abondance. Il les fit remarquer aux deux bergers, et les invita à l'aider à en cueillir un petit paquet, qu'il lava proprement et qu'il cacha ensuite dans le capuchon de sa robe qui pendait comme un sac entre ses épaules.

Ils reprirent leur marche en suivant la côte de la montagne; mais les plis de terrain et les rochers qu'ils rencontraient à chaque pas les empêchaient de découvrir s'il y avait devant eux quelqu'objet qui pût leur indiquer le côté où devaient se diriger leurs recherches.

— Ne ferions-nous pas bien de nous rendre au Mondloch (trou de la lune)? dit Hans à l'ermite. C'est là que les chasseurs de chamois ont l'habitude de passer la nuit; et il est trop matin pour que le coup de feu que nous avons entendu ne vienne pas de l'un d'eux.

— Allons, répondit Kilian; mais je vous préviens que je ne veux pas y rentrer. Je sais, de science certaine, que c'est le repaire le plus fréquenté des lutins de montagne. Ils se blotissent, m'a-t-on dit, autour des prismes de cristal qui pendent de la voûte, et quand un chasseur ou un berger entre dans la grotte, ils lui tombent sur les épaules, le culbutent et le roulent dans l'abîme.

— Oh! quant à cela, Kilian, ce sont des fables et rien de plus, répondit le bovairon, car depuis que je suis sur les Alpes, il n'y a pas d'année où je ne monte trois ou quatre fois dans le Mondloch. Je n'y ai jamais vu que de l'eau, de l'obscurité, des pierres et du lait de lune [1]. Il n'y a pas un seul morceau de cristal, et par conséquent point de lutins. J'ai toujours trouvé la grotte aussi silencieuse qu'un tombeau; ce silence est peut-être ce qu'il y a de plus effrayant. Du reste, pour qui ne craint pas de se baisser, de grimper et de ramper sur une terre glissante, il y a une longue galerie à parcourir, et je pense qu'en la suivant jusqu'au bout on arriverait bien au centre de la terre.

— Laisse là tes discours oiseux, mon fils, dit l'ermite au jeune berger, et cours devant nous dans cette direction. Il m'a semblé entendre un son de ce côté-là... vois-tu, près de cette touffe de pimprenelle.

[1] Fossile de montagne, chaux carbonatée.

Hans s'élança et disparut derrière quelques quartiers de roches. Peu d'instants après il revint en criant de toute sa force :

— Arrivez, père Ulhard ! monte vite, Kilian, monte et te dépêche !

Sa voix annonçait l'empressement, mais non l'effroi. Kilian ne fit aucune difficulté d'obéir à son appel ; il le trouva agenouillé et penché sur le corps sanglant d'un chasseur de chamois. Autour d'eux gisaient par terre une carabine de chasse, une gibecière, un bonnet fourré et un mouchoir tout imbibé de sang.

— Doucement, doucement donc, dit le bouvairon, lui faisant signe de la main d'assoupir le bruit de ses pas. Ce pauvre homme n'est pas mort, je l'ai entendu tout-à-l'heure pousser un faible gémissement ; nous le sauverons, s'il plaît à Dieu, pourvu que nous puissions arrêter le sang qui coule de sa blessure. Je cours chercher de l'eau.

Agile comme un bouquetin, l'enfant s'élance sur la pente rapide qui s'élevait de l'endroit où gisait le chasseur à la grotte du Mondloch. Un sentier bien battu y conduisait aussi ; mais, pour le rendre moins rapide, on l'avait fait se replier sept ou huit fois sur lui-même ; Hans était trop pressé pour suivre tous ces contours. Il coupa en ligne directe, et, pénétrant dans la grotte, il chercha à tâton une de ces petites flaques d'eau formées par les gouttes qui suintent incessamment de la voûte, et qui s'accumulent dans les creux naturels du sol, ou quelquefois même dans l'empreinte laissée par le pied des curieux. Il remplit avec sa main sa petite calotte de cuir bouilli, coiffure ordinaire des bergers suisses, et la tenant avec précaution devant lui, il se laissa glisser sur le derrière, sur l'herbe fine et épaisse, pour rejoindre plus vite l'ermite et Kilian.

Le pansement du blessé fut rapide. Une cravate déchirée en morceaux fournit les bandes, et les plantes cueillies à la fontaine de Maï le baume vulnéraire de ce premier appareil. La plaie fut soigneusement lacée, le sang cessa de couler, et l'on commença à sentir plus distinctement les battemens du cœur qui avaient presque cessé. L'ermite fit avaler au blessé quelques gorgées d'eau, et l'assit sur son séant pour donner plus de jeu à la respiration.

— Qu'allons-nous faire maintenant ? de

manda Kilian; je pense que nous ferions bien d'emporter cet homme au plus vite, car, ajouta-t-il plus bas et jetant sur la grotte un regard furtif, nous pourrions bien ne pas être en sûreté ici.

— Allons, répondit l'ermite avec un peu d'impatience, le voilà qui va recommencer ses sornettes. Tenez, courez tous vers ce bosquet d'arbres là-bas, et puisque vous avez une hache, coupez deux jeunes sapins et les branchages nécessaires pour construire à la hâte un brancard de campagne. Il est nécessaire que nous transportions cet homme à mon ermitage, car je viens de sentir sous son aisselle la balle dont il a été frappé. Voyez, je vous prie, à combien peu de chose tient notre vie. Sans cette plaque de cuivre qui orne le baudrier de son couteau de chasse, et qui a amorti le coup, il est à peu près certain qu'il serait tombé raide.

Hans et Kilian exécutèrent avec promptitude et intelligence l'ordre de l'ermite; en moins d'une heure le brancard fut prêt, on étendit sur les menues branches entrelacées la blouse de Kilian ; la gibecière bourrée d'herbe servit d'oreiller à cette couche molle et fraîche, où l'on déposa le chasseur encore privé de connaissance. Kilian, plus fort que son jeune compagnon, prit les bras de devant, Hans ceux de derrière. Frère Ulhard les suivait de près, portant sur son épaule la carabine de chasse, et donnant de temps à autre un conseil, soit pour éviter les secousses, soit pour donner au brancard une position moins fatigante pour le blessé, selon que sa vieille expérience le lui suggérait.

Ils arrivèrent ainsi, sans accident, à la source de mai où l'ermite fit faire halte. Le chasseur, ranimé par le mouvement de la marche, commença à ouvrir les yeux, balbutia quelques mots et demanda à boire. On posa la litière tout à côté du ruisseau, et l'ermite s'assit près du blessé, en ayant soin que l'ombre de son corps lui couvrit la figure. Tandis qu'il était occupé à lui faire avaler quelques gouttes d'eau, Hans disparut un instant et revint peu après, tirant par les cornes une chèvre qu'il avait attrapée près de là. Tandis qu'il la maintenait en place, Kilian recueillit dans sa calotte de cuir, soigneusement lavée, une bonne quantité de lait qu'on fit boire au chasseur. Cette nourriture légère et fortifiante le ranima complétement. Son regard prit un peu de vivacité, il regarda fixement l'une après l'autre chacune des trois personnes qui l'entouraient, et leur serra légèrement la main.

— Merci, oh merci, leur dit-il presque au souffle de la voix, Dieu vous rende ce que vous faites pour moi! Mais où suis-je, je vous prie, n'est-ce pas ici la fontaine de Mai du mont Pilate? oui, je crois reconnaître.....

Il ne put achever, les forces lui manquèrent. L'ermite l'engagea à ne pas faire de nouveaux efforts, et lui donna l'assurance que les soins les plus assidus lui seraient prodigués. Quand tout le monde se fut assez reposé et rafraîchi, Kilian et le bovairon reprirent leur place à chacun des bouts du brancard, et on se mit en marche vers l'ermitage du lac par un sentier qui traversait la forêt. Chemin faisant, les deux bergers causaient entre eux de l'événement qui les avait amenés sur le sommet du Pilate, et chacun y rattachait des observations et des idées empreintes de leurs croyances et de la tournure de leur caractère.

— Hem! disait Kilian, j'aurais mieux aimé trouver sur la montagne un dragon, un ours ou un loup à la place de ce chasseur. Pourquoi n'ai-je pas vécu dans le temps où il y avait encore des monstres à combattre ? Autrefois du moins on pouvait par quelque action d'éclat acquérir de la gloire et des richesses : celui qui abattait un dragon devenait grand seigneur ou chevalier. Certes, si l'occasion de faire un bon coup dans ce genre se présentait, il me semble que je m'y prendrais mieux que ce certain Winkelried qui tua le serpent d'Odewyler, et eut ensuite la maladresse de laisser tomber sur son bras une goutte du sang empoisonné qui teignait son épée. Il en mourut, dit-on. La ruse n'est pas défendue dans ces sortes d'affaires. On peut endormir le monstre, et lui couper ensuite la tête sans danger. C'est dans la tête du dragon que l'on trouve, comme tu sais, cette pierre merveilleuse qui rend invulnérable et immortel celui qui la possède.

— Bah ! répondit Hans d'un air incrédule.

— Rien de plus certain. Es-tu le seul qui ignores que notre bonne ville de Lucerne doit sa force et sa splendeur à une pierre semblable que l'on garde avec soin dans le trésor de l'arsenal ?

— Bah! répondit encore l'enfant, mais cette fois d'un air convaincu.

Je vous fais grâce des autres histoires de ce genre que les deux bergers débitèrent encore pendant le reste du trajet. L'ermite, qui marchait derrière eux en silence, avait quelquefois bien de la peine à s'empêcher de rire de leur sotte crédulité; sans l'air sérieux de leurs figures, on eût pu croire qu'ils cherchaient à se mystifier ou à faire assaut d'absurdité.

Enfin l'on vit paraître au milieu des arbres la croix noire de l'ermitage, et la glace polie du petit lac où il se mirait. Les deux bergers déposèrent leur fardeau avec plaisir, et aidèrent l'ermite à préparer le lit de son malade, lit qui eût paru bien dur à un homme habitué à la mollesse des villes, puisqu'il ne se composait que de foin et de peaux de mouton.

Il était à peu près midi quand Hans et Kilian prirent congé de l'ermite. Le bon père leur serra affectueusement la main, et les bénit au nom du Dieu de charité. Dès qu'il fut seul, il leva l'appareil imparfait qu'il avait mis sur la blessure du chasseur, et aiguisa un couteau pour faire l'extraction de la balle encore engagée dans les chairs. Frère Ulhard avait acquis une assez grande expérience de ce genre d'opération, dans un hôpital militaire où il était entré dans sa jeunesse, d'abord comme malade, et où il était entré ensuite quelque temps comme aide-chirurgien. L'opération eut un plein succès; mais le manque d'instrumens convenables occasiona peut-être au patient des douleurs plus vives et plus longues que s'il eût été opéré par un homme de l'art.

Le lendemain matin, le chasseur, ranimé par une nourriture substantielle et une nuit assez calme, se trouva en état de causer un instant avec l'ermite et de lui apprendre les causes de l'accident qui l'avait mis à deux doigts de l'éternité.

— Je m'appelle Xavier, lui dit-il, je suis natif d'Hergiswyl, petit village situé sur le versant oriental du Pilate. J'ai toujours eu, depuis ma première jeunesse, une ardente passion pour la chasse du chamois, et je puis même dire que j'y déployais à l'âge de dix-neuf ans autant d'adresse et de patience que le plus vieux des chasseurs. A l'âge de vingt ans je fis un voyage dans le canton de Glaris; je m'y mariai, et j'habitai deux ans dans la famille de ma femme. Mais l'amour de mon village me faisait sans cesse désirer d'y revenir. J'y suis rentré il y a deux mois, et la vue des montagnes que j'avais tant parcourues dans ma jeunesse a réveillé en moi le goût de la chasse. J'ai long-temps réprimé cette passion pour ne pas affliger mon épouse; hier cependant je me suis décidé à venir essayer si je savais encore manier une carabine.

Mais l'homme propose et Dieu dispose, comme on a bien raison de le dire. Je venais chasser et je l'ai été moi-même. Il me souvenait d'avoir vu près de la Gemsmatt une pierre salée autour de laquelle les chamois se rassemblent en troupe, et où j'en avais abattu plus d'un jadis. Hier soir, donc, je montai à la grotte de Mondloch pour y passer la nuit, afin de me trouver sur les lieux de chasse, au lever de l'aurore, frais et bien reposé.

J'avais parfaitement bien dormi; la journée s'avançait sous de favorables auspices, je me sentais dispos et léger. Je venais de quitter la grotte et je cherchais à reconnaître d'où venait le vent, quand j'aperçus un grand coquin d'Unterwaldois harnaché aussi pour la chasse du chamois. Il venait, lui, du côté d'Alpenach. Arrivé à une soixantaine de pas de lui, je m'arrêtai pour le toiser; il n'y avait de la bienveillance ni dans son regard ni dans le mien. J'étais fâché de le voir dans mon voisinage et sur un terrain que je pouvais bien regarder comme le mien, puisque je l'avais gardé toute la nuit. Il avait sans doute des raisons à peu près semblables de me voir de mauvais œil. Peut-être aussi me prenait-il pour un homme étranger au pays.

— Voisin, me cria-t-il d'un ton bref et impératif, il n'y a rien à faire ici pour vous aujourd'hui.

— Voisin, lui répondis-je, j'en douterai tant que vous serez seul à le dire.

La colère bouillait déjà dans nos veines; nous discutâmes nos droits avec aigreur; pour moi, il me semblait qu'étant le plus jeune et le dernier venu, il devait me céder la place. Il faut vous dire que je portais dans une poche particulière de mon gilet une balle de chamois[1], préservatif infaillible

---

[1] On trouve dans l'estomac de quelques chamois un corps d'une couleur brune ou noire, de la forme et de

contre les coups de feu et les coups d'épée. J'avais tant de confiance dans cette protection invisible, que je me serais battu contre le diable lui-même s'il se fût présenté ; à plus forte raison n'hésitai-je pas à provoquer un simple homme. J'armai le chien de ma carabine, et j'ordonnai à l'Unterwaldois de se retirer promptement s'il ne voulait essuyer mon feu. Mais le brigand, au lieu de jouer des jambes, me couche en joue et m'envoie sa balle dans la poitrine. La commotion que je reçus me fit involontairement presser la détente de mon arme ; mon coup partit, mais la balle se perdit dans l'air, car je n'avais pu ni mettre en joue ni ajuster. Je sentis sur-le-champ que j'étais dangereusement blessé. Le sang coulait à grands flots le long de mon pantalon ; je criai trois ou quatre fois

---

la grosseur d'une noix. Ce corps semble le produit de quelque maladie particulière à cet animal. Les chasseurs de chamois font grand cas de ces balles ; ils leur attribuent la vertu de guérir les maux de tête, de foies et de reins ; à les entendre c'est un antidote infaillible contre toute espèce de poison ; et, comme le dit ici Xavier, c'est aussi un bouclier contre les balles et les coups d'épée. En un mot, c'est le grand talisman des Alpes. Chaque pays n'a-t-il pas le sien ?

au secours, car je sentais déjà une sueur froide me parcourir le dos et le front ; enfin je tombai par terre. Vous savez le reste mieux que moi, mon père, puisque c'est à vous que je suis redevable de la vie. Mais voyez quelle fatalité! En me baissant pour prendre ma carabine, ma balle de chamois est probablement tombée à terre, je ne puis expliquer autrement sa disparition, car je suis positivement sûr de l'avoir encore sentie dans mon gilet en sortant de la grotte de Mondloch. Une autre fois j'aurai soin de l'assujettir de manière à ce qu'elle ne puisse s'échapper.

L'ermite demeura un instant silencieux après que le chasseur eut achevé son récit; son front sévère et pensif restait penché vers la terre; il était aisé de lire le blâme dans toute l'expression de sa figure.

— Ami Xavier, dit-il enfin d'une voix grave, tu as commis de grandes fautes hier. Tu as excité à la colère et au crime un homme plus jeune que toi, à qui tu aurais dû donner l'exemple de la douceur et de la modération. Au lieu de mettre ta confiance dans la protection de Dieu, tu l'as placée dans de ridicules superstitions, et maintenant encore tu ne vois pas, aveugle obstiné, que si tu es frappé par cette main que tu méconnais, c'est afin d'être amené à lui rendre gloire, afin de te tourner vers des biens plus précieux et plus durables que ceux que tu cherches ici-bas au milieu des contestations et des querelles. Mais comme notre bon Dieu désire avant tout la conversion du pécheur, il a daigné se servir de nous pour te conserver la vie, afin que tu te repentes. Il t'accorde un sursis inespéré; profites-en donc pour te tourner vers lui, et témoigne-lui ta reconnaissance en lui consacrant le reste de tes jours.

L'ermite, tout en discourant sur la bonté de Dieu et sur les admirables dispensations de la Providence, pansa la blessure de son malade, la couvrit de nouvelles herbes, et lui annonça qu'il allait le laisser seul un instant pour chercher quelqu'un qui voulût bien descendre dans la plaine, et annoncer à sa femme et à sa fille qu'elles eussent à ne pas s'inquiéter de son absence. Mais, avant de quitter la chambre, il roula près du lit du malade un bloc de sapin façonné en table, sur lequel il déposa une jatte de lait et un crucifix de corne, chef-d'œuvre de patience de quelque berger sculpteur. Prenant ensuite son chapelet, il se mit en marche vers le châlet, où nous l'avons déjà vu au commencement de cette histoire.

Mais il n'y trouva personne. Le foyer, la fromagerie, la laiterie, étaient déserts. Il appela à haute voix Hans et Kilian, personne ne lui répondit. Comme il restait pour visiter les bâtimens des écuries, il entendit à peu de distance jouer, dans une cornemuse, l'air simple et si connu des *Irmaliers* [1]. Frère Ulhard chercha des yeux de quel côté pouvait être le joueur; il l'aperçut bientôt sur une petite éminence, c'était Hans le bouvairon. Il l'appela à grands cris, et eut bien de la peine à s'en faire entendre. L'enfant accourut et salua l'ermite avec cet air de bonne humeur qui indique l'amitié et promet le bon vouloir.

— Hans ! j'aurais besoin d'envoyer quelqu'un dans la plaine.

— Je suis prêt, mon père, fût-ce même

---

[1] Cet air, plus particulièrement connu dans les cantons de Fribourg et de Vaud, est depuis peu populaire parmi les bergers des différentes parties des Alpes. Il est probable que ce sont les voyageurs qui l'y ont transplanté.

pour aller à Lucerne vous chercher un petit pain au beurre pour votre déjeuner de demain.

— Il n'est pas question de cela, répondit l'ermite en lui caressant doucement les joues, c'est pour le chasseur que nous avons secouru hier que je te demande ce service. Tu iras à Hergiswyl, où demeurent sa fille et sa femme; tu leur raconteras ce qui s'est passé, tu les tranquilliseras sur l'état actuel du blessé, et tu les prieras d'aviser aux moyens de le transporter chez lui demain ou après-demain.

— Étourdi que je suis, s'écria l'enfant en se frappant le front, je n'ai pas pensé à vous demander des nouvelles du brave homme? J'aurais dû me douter pourtant que sa blessure ne se recolerait pas comme la jambe d'une chaise. Vous savez, mon père, que si la fièvre le prenait, il n'y a aucun remède plus efficace pour la couper que l'eau de Kaltwenbrunn. Il faut que ses vertus soient bien réelles, puisque l'on voit tous les jours arriver des gens de la plaine pour en emplir des bouteilles.

— Je connais cette eau, et je m'en servirai, répondit l'ermite. Mais toi, mon enfant, cours où je t'ai dit, et ne t'arrête nulle part, nulle part, entends-tu?

— Excepté à la chapelle d'Hergotwald, pensa le bouvairon, un patenôtre dit lestement devant la Sainte-Vierge ne saurait nuire à personne; je ratraperai en trois sauts le temps perdu.

Hans fit aussitôt ses préparatifs. Ils consistaient tout simplement à se ceindre la taille d'une large courroie de cuir, à changer ses sabots de buis contre des souliers un peu plus flexibles, et à couvrir sa tête de sa petite calotte de cuir bouilli. Il appela ensuite avec sa cornemuse le valet d'écurie qui travaillait sur la litière du bois, et prenant en main une perche de deux ou trois pieds de long, sur laquelle il s'appuyait pour faire des sauts plus alongés, il partit en chantant.

L'ermite le suivit des yeux jusqu'au moment où il disparut derrière la forêt. Heureux âge, dit le vieillard en faisant un retour sur lui-même! Heureux qui connaît Dieu dès l'entrée de sa vie et qui jamais ne dit : Je n'y prends point de plaisir! Et il soupira. Peut-être avait-il en cet instant de bien amers souvenirs.

Kilian tardant trop à arriver, l'ermite entra dans le châlet, et y prit, sans permission, le baquet le plus propre qu'il trouva parmi ceux destinés aux usages de la laiterie, afin d'aller puiser de l'eau à la fontaine de Kaltwehbrunn. Cette source, renommée dans le pays par ses vertus fébrifuges, avait effectivement les qualités minérales des eaux auxquelles on attribue cet effet. L'expérience avait prouvé que, dans un grand nombre de cas, elle pouvait suppléer aux drogues des pharmaciens, et l'ermite, pharmacien par nécessité, préférait de beaucoup les remèdes que la nature offre aux hommes, à ceux qui se préparent savamment dans les laboratoires. Après avoir rempli son vase d'eau, il reprit doucement le chemin de son ermitage, herborisant le long de sa route.

Quelle fut sa surprise en mettant la main sur le loquet de la porte, après sept ou huit heures d'absence, d'entendre une voix de femme, rendue plus touchante par la douleur, prononcer ces mots :

— Oh! mon père, mon bon père, dois-tu nous être enlevé d'une si cruelle manière. Dieu n'aura-t-il pas pitié de nous?

— Calme-toi donc, Éléopha, répondit la voix un peu cassée du chasseur, je t'ai déjà dit qu'il n'y avait plus de danger. J'ai eu le bonheur de trouver sur cette montagne un vieil ermite et deux bergers, qui m'ont prodigué les soins les plus assidus. Sans eux, par exemple, il est certain que je ne vivrais plus.

L'ermite en avait assez entendu pour comprendre quelle était la personne qui causait avec son malade. Il ouvrit la porte, et vit près du lit une jeune paysanne qui couvrait de baisers et de pleurs la main de Xavier. Sa figure, blanche et pâle, portait les traces d'une profonde douleur.

— Soyez béni, mon père, dit la jeune fille en tournant la tête au bruit que fit l'ermite en entrant; vous m'avez conservé le bonheur en ce monde, que pourrai-je jamais faire pour vous témoigner ma gratitude? Ces bienfaits-là ne se payent pas.

— Ma fille, répondit Ulhard, rendons grâces à Dieu et non aux instrumens dont il daigne se servir. C'est lui qui a fait parvenir à notre oreille le cri de détresse de ton père; c'est lui qui nous a mis dans le cœur de le secourir, c'est lui qui nous en a donné les forces et les moyens; quel mérite nous reste-t-il à nous? Mais quelle heureuse inspiration t'a fait suivre les traces de ton père, qui t'a conduite ici?

— L'inquiétude, mon père, un vague pressentiment dont je ne pouvais me débarrasser, et s'il faut tout vous dire, un songe! Oui, j'ai vu très-distinctement, pendant mon sommeil, un homme au regard farouche plonger dans le cœur de mon père un couteau qu'il retirait sanglant; je l'ai vu trois fois; il jetait même aussi sur moi d'affreux regards; sa tête...... sa tête....... ah! sa tête, et montrant du doigt une fenêtre de la cellule qui donnait sur le bois, Éléopha poussa un grand cri, et cacha sa figure dans le lit de son père.

— Sa tête ressemblait sans doute à la mienne, dit une voix creuse et lente, qui fit tressaillir le blessé. Il se dressa avec violence sur sa couche, raidit ses bras d'un air menaçant, et tenta même de sauter à terre; l'ermite parvint heureusement à le retenir.

Un homme, dont la figure et les habits étaient en lambeaux, entra dans la chambre et s'avança jusqu'au pied du lit, pâle comme un mort, plus pâle que Xavier lui-même, car c'était son assassin. Il demeura un instant immobile, contemplant ces trois figures si diverses d'expression. Une lueur subite de joie anima sa figure; il leva les yeux au ciel, et d'une voix où se confondait la reconnaissance et le repentir : « Oh! mon Dieu, dit-il, tu m'as exaucé; il vit, les flammes de l'enfer peuvent donc s'éteindre encore pour moi. »

L'ermite et le chasseur ne peuvent se défendre d'un mouvement de surprise en entendant ces paroles, qui annonçaient des dispositions si contraires à celles que le même homme avait manifestées un jour auparavant; ils se regardaient l'un l'autre comme pour se demander : « Devons-nous le croire? » lorsque Éléopha, revenant la première de l'effroi que lui avait causé la vue de l'Unterwaldois, s'avança vers lui d'un air presque menaçant.

— Assassin, lui dit-elle, viens-tu achever ta victime, viens-tu en faire une nouvelle? Recule, tes mains sont pleines de sang; il y en a dans tes paroles, il y en a dans tes vêtemens. Sors, maudit, ta présence est un tourment de plus; va, la coupe de tes iniquités déborde. Maudit sois-tu!

— Ma fille, dit l'ermite évidemment mécontent de ce qui se passait devant lui, il est écrit : Bénissez ceux qui vous maudissent, faites du bien à ceux qui vous maltraitent, et non pas : Accablez de reproches et de paroles dures celui qui vous a offensé. Il est dit encore : Ne vous irritez pas, mes bien-aimés, que le soleil ne se couche pas sur votre colère. Souvenez-vous, ma fille, que personne ne fut plus souvent outragé et maltraité que le Sauveur ; élevé sur la croix, dévoué par conséquent à la mort la plus douloureuse que l'homme puisse imaginer, il a pourtant béni ses meurtriers ; que cet exemple vous instruise et vous profite! Mais toi, jeune homme, ajouta-t-il en se tournant vers l'Untervaldois, que viens-tu faire ici, qu'y cherches-tu?

— Le pardon, un peu de paix, mon père. J'ignorais que celui qui fut mon adversaire se trouvait ici. Quand je le vis hier pour la première fois, non loin de la cime du mont Pilate, il y avait cinq jours que je parcourais les montagnes sans avoir pu surprendre aucun chamois. J'avais la tête échauffée par l'eau-de-vie que j'avais bue à mon déjeuner, car depuis la veille il ne me restait plus de vivres; j'étais irrité par l'inutilité de mes efforts. La vue d'un chasseur dans mon voisinage augmenta ma mauvaise humeur, ses paroles dures et ses menaces m'exaspérèrent complétement. je lui tirai de près, sans réflexion, sans intention réelle de le tuer; il tomba pourtant. A peine le vis-je à terre que je m'enfuis sur les arêtes de Widerfeld, et je m'y assis pour réfléchir et reprendre haleine. Mais le remords ne me laissait déjà plus de repos. Des voix criardes, infatigables, me répétaient de tous côtés, dans moi et hors de moi : Meurtrier, meurtrier! J'étais étourdi par un bourdonnement insupportable, le sang affluait vers mon cœur, et me causait d'affreuses palpitations. Je me roulais partout comme un ours blessé, je mis en pièces ma carabine, tout ce qui tomba dans ma main, et moi-même enfin quand les objets manquèrent à mon désespoir. Je ne suis point habitué au crime comme ma conduite pourrait le faire croire; jusqu'ici Dieu m'a toujours gardé du vice, il fallait que je fusse complétement hors de moi pour me livrer à de telles violences.

J'ai passé la nuit étendu sur la terre, agité

des terreurs les plus poignantes, et formant pour l'avenir des résolutions désespérées. Tantôt il me semblait que je ferais bien de ne plus retourner parmi les hommes, de me cacher comme une bête sauvage dans les forêts et les glaciers; d'autres fois, me cuirassant d'effronterie, je prenais la résolution de reprendre ma vie habituelle et de cacher sous un masque trompeur le crime qui me souillait. Quand le jour parut, une fièvre ardente allumait mon sang; poussé par une force invincible, je vins rôder autour du lieu où la rencontre s'était faite. Une mare de sang ne me l'indiqua que trop; mais je remarquai que l'herbe avait été foulée, je vis des débris de linge, des traces de pas, je les suivis, elles me conduisirent près de cette demeure. En approchant j'entendis des voix; je prêtai l'oreille, je reconnus celle de mon adversaire, je ne puis vous dire de quel fardeau je me sentis soulagé en me convainquant par mes yeux qu'il respirait encore. Je suis entré dans l'intention de lui demander pardon, de lui exprimer tout mon repentir.

— Que le Seigneur soit loué! s'écria l'ermite, sa bonté surpasse toute intelligence;

il est puissant, il est juste, il fait tourner en bénédiction ce que l'homme pense en mal. Xavier, Dieu vous a frappé pour votre instruction. Il a voulu vous apprendre, sans doute, qu'un homme de votre âge, qui a une femme à protéger et une fille à soutenir ne doit pas hasarder témérairement sa vie pour un amusement sans utilité.

— Xavier, ajouta l'Untervaldois, je vous ai offensé, je vous ai fait un tort immense en votre corps et en vos biens, permettez-moi de vous en dédommager autant qu'il sera en ma puissance. Je vous offre d'être le soutien de votre famille, tant que vous ne pourrez reprendre votre travail ; je vous donnerai mon temps et mon gain jusqu'à votre parfaite guérison. Acceptez, je vous en prie, c'est le seul moyen de me prouver que vous ne conservez pas de rancune contre moi.

Le chasseur, touché d'un repentir si vif et si subit, surpris de trouver un ami dans son meurtrier de la veille, lui tendit sans hésitation la main. Éléopha pleurait aussi, elle était toute surprise de se sentir de la bienveillance pour l'homme qu'elle haïssait tant, il y avait à peine une demi-heure ; elle aurait voulu qu'il lui fournît l'occasion de lui demander aussi pardon des paroles amères qu'elle lui avait adressées, mais l'Untervaldois paraissait déjà les avoir oubliées ; il ne fit aucune attention à elle.

— Chers amis, dit l'ermite, ne remercierons-nous pas Dieu d'avoir répandu sur nous son esprit de douceur et de réconciliation ? Reconnaissons humblement devant lui, que tout ce qu'il y a en nous de bonnes dispositions et de pieux mouvemens vient de son Saint-Esprit ; par nous-mêmes, par nos seules forces, il nous est impossible de dompter nos cœurs implacables et désireux de vengeance.

Il se mit à genoux devant son prie-Dieu, et adressa au maître du ciel une fervente prière d'actions de grâce qui fut répétée de cœur par les trois assistans. Il se releva ensuite, prépara pour ses hôtes un repas aussi bon que le comportait sa pauvreté. Tandis qu'il était à table, Hans, l'alerte bovairon, arriva pour rendre compte de la commission dont il avait été chargé. La femme du chasseur avait reçu avec une joie impossible à décrire des nouvelles de son mari et elle avait promis de venir le lendemain avec son frère et un char, chercher le blessé et remercier l'ermite.

— Je n'ai pas voulu dire, ajouta l'enfant, en quoi consistait au juste l'accident, il n'était pas nécessaire, il me semble, d'alarmer la bonne femme plus qu'il ne fallait. Si je lui avais dit que son mari avait la poitrine trouée, elle l'aurait cru mort. On exagère toujours le mal.

— Tu as agi avec prudence, enfant, dit l'ermite en le faisant placer près de lui, la charité ordonne d'épargner à ses semblables des tourmens inutiles. Mais avant de nous séparer, chantons un cantique. Pour moi, je me sens le besoin, dans cette occasion, d'élever ma voix vers Dieu pour lui demander de nous rendre conformes en douceur et en patience à son Fils bien-aimé, à notre Sauveur.

Père Ulhard prit sur une tablette adaptée à la muraille un livre de cantiques qu'il feuilleta long-temps et où il choisit enfin les versets suivans qu'il entonna d'une voix forte, à laquelle s'unirent celles de ses quatre convives.

C'est dans la paix que tu dois vivre,
Enfant de Dieu, disciple du Sauveur.

Par son esprit, ton âme doit le suivre
Sur le sentier de la douceur.
Si contre toi s'élève quelqu'offense,
Si l'on te bat, si l'on veut t'opprimer,
Ferme ton cœur à la vengeance ;
Comme ton Dieu tu dois aimer.

DÉTRESSE ET SECOURS.

(CHRONIQUE SUISSE.)

... Or en l'année 1531, il tomba une telle quantité de neige que les vieillards les plus décrépits ne se souvenaient pas d'en avoir jamais vu autant; l'Argovie, l'Appenzell et le Tyrol en étaient littéralement encombrés.

On raconte que, près d'un village du canton d'Appenzell, il y avait une maison isolée que la neige recouvrit totalement, et entoura comme d'un mur. Elle était très-basse, comme presque toutes les habitations des Alpes et se trouvait malheureusement située dans un endroit très-exposé à l'action de la *bise* [1]. Quand ce vent souffle avec

---

[1] *Bise* est le nom qu'on donne en Suisse au vent du nord.

quelque violence et que la neige tombe ou est fraîchement tombée, il la fait rouler en tourbillons dans les airs, la divise au point d'en faire une fine poussière, et la dépose sur la terre en longues et inégales traînées, tellement que l'on voit des endroits qui en sont totalement dégarnis, tandis qu'il y en a huit ou dix pieds tout à côté.

La maison dont nous parlons était précisément dans un de ces points tourbillonnans, et la neige entrait en si grande abondance par l'ouverture de la cheminée, que les habitans furent obligés de la condamner avec les planches et les branchages qu'ils trouvaient sous leur main. Le vent en accumula tellement autour de cette hutte, qu'elle empêchait non seulement les habitans d'en sortir, mais elle s'opposait aussi à ce que d'autres vinssent leur prêter du secours, car toute trace de chemin avait disparu, et le sol nivelé ne permettait même plus de reconnaître, depuis le dehors, l'endroit où était la pauvre chaumière. Jugez quelle devait être la terrible situation des malheureux ensevelis ainsi tout vivans, avec très-peu de vivres! car ils vivaient au jour le jour, sans autres provisions que quelques pommes-de-terre qui se trouvaient dans un petit caveau séparé de leur demeure et dont l'accès leur était alors interdit.

La famille qui demeurait là se composait d'un père, d'une mère et de quatre enfans. C'étaient de bien braves gens, religieux et actifs, mais pauvres plus qu'on ne peut le dire. Le père était bûcheron, sa femme l'aidait en faisant des fagots de ramilles ; mais dans un pays où le travail est si peu payé, c'était à grand' peine s'ils parvenaient à se nourrir et à se vêtir tous six.

Quand les enfans virent que les portes, les fenêtres et même les lucarnes du toit disparaissaient peu à peu sous la neige, ils se mirent à pleurer, car ils avaient peur de cette obscurité profonde et continuelle qui ne leur permettait plus de distinguer le jour d'avec la nuit. La couche qui recouvrait le toit était si épaisse que l'on n'entendait plus aucun bruit extérieur, pas même le son de l'horloge du village, pas même le bêlement des bestiaux. C'était le silence de la tombe interrompu seulement par le craquement des poutres du toit que fatiguait le poids de la neige. Les bons parens consolèrent leurs enfans autant qu'ils le purent, en les caressant et en leur faisant espérer que leurs voisins ne tarderaient pas à venir à leur secours. Ils ranimèrent la clarté de leur flambeau, y mettant de nouvelle huile, et ils prirent un premier repas, composé simplement de pain et de fromage, en tâchant d'être gais et d'oublier leur position.

Au bout de quelques heures, le froid se fit vivement sentir, les enfans supplièrent leurs parens d'allumer un peu de feu pour réchauffer leurs membres engourdis. Le bûcheron y consentit; mais à peine la flamme pétillait-elle dans l'âtre, qu'il s'aperçut que la fumée ne trouvant pas d'issue emplissait la maison et menaçait de les étouffer. Il se hâta d'enlever les planches qui bouchaient l'ouverture de la cheminée, mais la croûte de neige qui la recouvrait était si haute qu'il ne put jamais la trouer, quelle que fût la longueur des perches qu'il y employait. Un autre inconvénient vint bientôt se joindre à celui-là. La neige, ramollie par la chaleur de la fumée, commença à fondre et à tomber en larges gouttes sur le brasier qu'elle éteignit peu à peu, de sorte que les pauvres gens furent obligés de se passer de cette petite consolation qui leur eût fait tant de bien.

Cependant le bûcheron, vivement frappé du danger de sa situation, résolut d'employer tous les moyens pour en sortir. Aidé par sa famille entière, il commence à pousser avec violence la porte d'entrée qui s'ouvrait en dehors; mais la neige, tassée par les chocs qu'elle recevait, opposa bientôt une résistance que rien ne put vaincre. Il essaya ensuite d'ouvrir une fenêtre, nouvel inconvénient, la neige s'éboula dans l'intérieur de la chambre; il fallut en toute hâte lui fermer le passage en appliquant des planches sur l'ouverture de la croisée.

Le bûcheron imagine ensuite de briser à coups de hache la porte d'entrée qui était restée entre-bâillée, et de creuser sous la neige une espèce de chemin couvert, semblable à ceux que font les mineurs. Il se mit à l'ouvrage. Tandis qu'il piochait en avant, sa femme et ses enfans entassaient dans la cuisine la neige qu'il enlevait de l'étroit boyau. Ce travail semblait réussir, il avait déjà une vingtaine de pieds d'avance, quand tout à coup la voûte, que rien ne maintenait, s'écroula sur lui et faillit l'écraser. Il fallut renoncer à ce périlleux moyen; la maison d'ailleurs commençait à se remplir d'eau, et le travail aiguillonnait tellement leur appétit, que leurs provisions diminuaient d'une façon alarmante.

Elles manquèrent enfin totalement le troisième jour de leur réclusion, d'après leur calcul. Les pauvres enfans pleuraient et criaient sans relâche : Du pain! du pain! Ces cris fendaient le cœur de leurs parens. L'huile se trouva aussi complétement épuisée, de sorte que l'obscurité vint ajouter ses terreurs aux tourmens de la faim et du froid. Le bûcheron essaya d'allumer de petits morceaux de sapin et de mélèse; il obtint ainsi une clarté vive et soutenue, mais la chambre ne tarda pas à se remplir d'une odeur et d'une fumée résineuses qui gênaient extrêmement la respiration, et causaient de douloureuses cuissons d'yeux. Oh! qui pourra savoir combien étaient longues et lourdes ces heures d'inanition et d'ennui dont chaque minute se comptait par une angoisse!

— Mais quand viendront donc nos voisins? demandaient sans cesse les enfans; cette méchante neige ne se fondra-t-elle jamais!

Hélas! personne ne songeait à la pauvre famille; les voisins étaient trop occupés d'eux-mêmes pour penser un seul instant à la hutte isolée du bûcheron; il ne restait plus à ses tristes habitans d'autre soutien, d'autre consolation que le ciel. Aussi, quand la pauvre mère, pleine d'angoisses à cause de ses enfans, bien plus qu'à cause d'elle-même, s'écriait douloureusement avec le psalmiste: *Mon Dieu, mon Dieu! pourquoi nous avez-vous abandonnés? Nous gémissons, mais vous avez détourné votre face; voyez: notre cœur est en défaillance; nos forces nous abandonnent, et nos yeux se referment à la lumière.* Le bûcheron, plein de foi, répondait, avec la confiance d'un enfant de Dieu: *Je ne vous laisserai point, a dit l'Éternel; je ne vous abandonnerai point; vous m'invoquerez au jour de votre détresse, je vous entendrai, je vous délivrerai, et vous me glorifierez.*

Heureusement que dans leur abandon il leur restait un livre de prières. Quand tout ce que l'on pouvait humainement tenter eut été fait et reconnu inutile, le bûcheron se résigna et n'espéra plus qu'en Dieu. Il invita sa famille à prier avec lui l'Éternel et à chanter des hymnes en son honneur. Plus leur position paraissait désespérée, plus ils se sentaient entraînés à se réfugier sous l'aile de celui dont la main est forte pour secourir ses créatures. Mais les enfans, sur qui la piété avait moins d'empire que les souffrances, ne cessaient de crier et de pleurer; l'aîné seul, âgé de treize ans, manifesta un courage et une foi qu'il était difficile d'attendre d'un enfant de cet âge et de cette condition.

Le sixième jour de leur captivité, le troisième par conséquent qu'ils passaient sans manger, ils étaient tous blottis dans un coin de la chambre, pressés les uns contre les autres pour se réchauffer un peu, et si faibles, si faibles, qu'ils ne pouvaient parler. Enlacés dans les bras les uns des autres, ils attendaient la mort; soudain le fils aîné se lève sur son séant, ses yeux pétillent de vivacité, sa figure est comme éclairée d'une inspiration divine.

— Chers parens, dit-il à son père et à sa mère, Dieu m'a inspiré un moyen de faire cesser votre misère et de vous sauver tous. J'ai souvent lu dans l'Ancien Testament le récit du sacrifice d'Abraham, et j'ai été frappé de la douceur et de l'obéissance qu'Isaac montra en cette occasion, où il s'agissait cependant de sa vie. Je veux suivre cet exemple. Je vous offre avec joie ma vie pour sauver la vôtre et celle de mes frères. Vous m'avez nourri jusqu'ici par votre travail, que ma chair vous nourrisse aussi dans cette détresse affreuse. J'ai confiance en Dieu, il daignera peut-être me recueillir près de lui dans son bonheur éternel.

A ces paroles inattendues, les pauvres parens fondirent en larmes, pressèrent leur enfant dans leurs bras et le regardèrent long-temps sans pouvoir parler; car ils étaient cruellement combattus entre la pensée de sacrifier un de leurs enfans, et celle non moins horrible de les voir succomber tous quatre. Il n'y avait plus moyen de différer de prendre un parti. Les trois plus jeunes avaient perdu connaissance; eux-mêmes étaient si faibles, qu'ils avaient peine à demeurer debout.

Le bûcheron dit enfin :

— Peut-être est-ce la volonté de Dieu de nous soumettre à cette terrible épreuve? Je ne puis me persuader que cet enfant ait pris de lui-même une pareille résolution. Un autre esprit que le sien parle par sa bouche. C'est pourquoi, prions Dieu qu'il nous fasse connaître sa volonté, qu'il nous assiste. Il peut nous exaucer encore. Notre position peut changer, tandis que nous dormirons un instant. Si elle est la même...., qu'un seul meure pour tous, et puisse le ciel nous pardonner cette atroce résolution !

A ces mots, prononcés d'une voix basse et creuse, la mère éclata en sanglots déchirans, et se jeta à genoux en se tordant les bras. Le père et l'enfant aussi se prosternèrent, et demandèrent par trois fois que cette coupe passât loin d'eux. Mais celui d'entre eux qui aurait dû être le plus ému et le plus effrayé, le jeune homme était calme, résolu, résigné. Ses parens se sentaient saisis de respect par son admirable dévoûment, son courage relevait le leur, sa sérénité les gagnait. C'est le propre de toute résolution fortement prise d'apporter du calme à l'âme. Il n'y a que l'incertitude qui effraye ; mais quand on voit un but, même affreux, à force de l'envisager on s'apprivoise avec lui, on s'exalte : le courage est-il autre chose que de l'exaltation ?

Après cette prière, ils se couchèrent auprès des trois plus jeunes enfans qui gisaient déjà sans mouvement, bien qu'ils respirassent encore, et sommeillèrent trois heures, si l'on peut appeler sommeil cette espèce d'évanouissement incomplet où nous jette l'affaiblissement de nos organes. Et à leur réveil tout était encore dans le même état.

Ce fut un véritable coup de poignard pour le pauvre bûcheron. Il pria Dieu long-temps à voix basse, attendit encore une heure; mais n'entendant aucun bruit, aucun indice qui dénotât que le secours approchait, il décrocha sa hache qui pendait à la muraille.

Il en examina le tranchant, et, soit qu'il y vît quelqu'imperfection, soit qu'il voulût gagner du temps, il se mit à le rafraîchir sur une meule. Mais sa main était si tremblante, qu'au lieu de polir l'acier, il y faisait au contraire des raies profondes. Son fils le regardait faire. — Prends courage, mon père, lui disait-il, il me semble que je mourrai avec encore plus de courage maintenant qu'il y a quelques heures. Je souffre tant de vous voir souffrir. La faim me tourmente moi-même si cruellement.

La mort m'est un gain, un repos, un sommeil.

Le pauvre père ne répondait rien. Sa voix refusait d'articuler des sons, et ses larmes voilaient tellement sa vue, qu'il ne distinguait plus les objets que comme un brouillard. Il prit donc sa hache, et conduisit son enfant dans un coin écarté de la demeure. Un morceau de pin enflammé les éclairait. Le jeune homme se dépouilla de ses vêtemens; il ôta de son col un petit mouchoir qui aurait pu gêner l'instrument; puis, posant sa tête pâle, mais pleine de sérénité, sur l'extrémité d'un banc, il dit, en regardant son père : — Je suis prêt, père!...

Mais celui qui a commandé à ses créatures de l'invoquer dans leurs jours de détresse, celui qui ne permit pas que le couteau d'Abraham frappât Isaac, empêcha de même la hache du bûcheron de frapper l'enfant.

Un grand fracas, semblable à celui d'une cheminée qui croule, se fit tout à coup entendre dans la cuisine, les poteries volèrent en éclat sur le pavé, puis on ouït de petits bêlemens plaintifs, puis rien. Un mouvement instinctif de joie fit tressaillir le cœur du bûcheron; il arracha la torche de de pin de la muraille, et courut voir ce que ce pouvait être. Sa femme le suivit avec anxiété. Quant au fils aîné, décidé à mourir, il demeura à la même place, dans la même position, priant Dieu, et ne voulant plus se mêler des événemens de la terre, dont il se regardait déjà comme ne faisant plus partie.

Arrivé à la porte de la cuisine, le bûcheron éleva un peu sa torche dont la fumée l'aveuglait, et il aperçut dans le foyer un jeune chamois qui bêlait lamentablement, et tournait vers lui sa petite tête effrayée. En tombant du haut de la cheminée avec quelques planches qu'il avait entraînées dans sa chute, il s'était cassé les deux jambes de derrière, et une de celles de devant.

Comment vous peindrai-je maintenant la joie reconnaissante et la gratitude de ces pauvres gens qui se voyaient tout à coup miraculeusement secourus par celui en qui ils avaient espéré, et dans le moment précis où une minute de retard les exposait à sacrifier leur enfant! Ils se jetèrent à genoux, et ne prononcèrent que ces simples mots : Bon Dieu! oh, bon Dieu!

En peu d'instans, le chamois fut abattu et dépecé. Un repas nourrissant fut bientôt préparé, chacun en eut sa part, chacun reprit ses forces. Il fallut faire glisser avec précaution quelques bouchées de viande mâchée dans l'estomac des trois plus jeunes enfans. Ils revinrent lentement à l'existence et se ressentirent pendant plusieurs mois de la terrible épreuve qu'ils avaient eu à supporter... Quelques momens après la neige fondait, et la pauvre famille revoyait la lumière.

Quant au fils aîné, on ne l'appela plus qu'Isaac dans sa famille ; il tint, dans l'âge mûr, ce qu'avait promis sa jeunesse. Tous les ans, à l'époque anniversaire de leur délivrance, le bûcheron et sa famille consacraient le jour entier au Seigneur, par le jeûne et les prières. Cette coutume se perpétua très-tard dans la famille de ses enfans et servit à y entretenir une piété sincère et chrétienne.

LE NOYER.

Dans une des positions les plus riantes du lac de Brientz, s'élève, au milieu d'épaisses masses de noyers et de pruniers, le petit hameau d'Iseltwald. Le Giesbach, aux ondes blanchissantes d'écume, et la Lutschine, aux flots verts et profonds, encadrent, à droite et à gauche, le golfe gracieux que le rivage forme en cet endroit. Une miniature d'île, toute couverte de verdure, sort des eaux à un jet de pierre du bord; sa forme et sa petitesse lui donnent l'apparence d'un batelet, chargé de feuillages, qu'une ancre invisible retiendrait immobile sur les eaux. A deux ou trois cents pas de là, une langue de terre s'avance comme un môle dans le lac. On aperçoit à son extrémité les ruines d'un bâtiment que les années et les pluies ont tellement défiguré, qu'il serait impossible de deviner quelle fut sa première forme et sa destination. On voit seulement à l'épaisseur des mousses qui festonnent ces décombres, à la grosseur des pieds de lierres qui les tapissent et voilent leur nudité, qu'ils sont depuis long-temps oubliés de leurs propriétaires. Le rez-de-chaussée est la seule partie encore habitée; là seul règne encore cet air d'ordre et d'arrangement qui annonce la vie. Un fragment de tronc d'arbre, grossièrement équarri et exhaussé sur deux grosses pierres plates, forme à côté de la porte un banc rustique autour duquel la nature a semé avec profusion une multitude de petites plantes. Une main prévoyante a abrité ce siége champêtre sous quelques perches fichées dans les crevasses du mur, et sur lesquelles les plantes grimpantes sont venues étendre leurs bras et étaler leurs fleurs.

Près de ce séjour de calme et de repos, existait, il y a peu d'années, un noyer, qui faisait l'admiration de tout le pays. Les trois principales branches qui sortaient de son tronc gigantesque, étaient elles-mêmes d'une grosseur que n'égalait pas le tronc de beaucoup d'arbres voisins; et le dôme de verdure dont il se couvrait tous les ans, montait si haut dans le ciel qu'on l'apercevait à plus d'une lieue de distance, et qu'il servait de point de direction aux bateliers du lac, à peu près comme la colonne de Pompée sert de phare aux navigateurs qui veulent atterrir sur les côtes d'Egypte. Les moindres rameaux de l'arbre dont nous parlons étaient chaque année couverts de feuilles et de fruits; l'écorce du tronc, fendillée en écailles d'un blanc argenté, offrait le même aspect que le bras musculeux d'un Oberlandais sur lequel les veines et les nerfs se détachent en saillies.

Cet arbre avait soixante-douze propriétaires, et il aurait aisément pu voir doubler ce nombre. Ceci peut paraître étrange à ceux qui ignorent les usages de cette partie de la Suisse. Quand un héritage est de nature à ne pouvoir être partagé également entre plusieurs héritiers, ils restent tous ensemble propriétaires de la chose héritée, jusqu'à ce qu'une renonciation, une vente volontaire, ou l'extinction d'une branche, réunisse sur une seule tête les droits de tous. L'usage ne permet pas à un héritier de forcer la vente d'un bien impartageable, et chaque fois que l'on voit sur les murs de l'édifice du village une affiche intitulée : *Vente par licitation*, on peut être sûr que

4

les vendeurs sont d'accord, que personne n'est séparé malgré lui d'un bien auquel il était attaché.

Or, vous comprenez qu'un arbre aussi beau que le noyer d'Iseltwald, si bien situé sur les bords du lac, si richement couvert de fruits, était une propriété trop précieuse pour qu'aucun des propriétaires voulût en aliéner sa portion. Voilà comment il s'était fait que, d'année en année, depuis le bisaïeul qui l'avait légué à ses deux fils, le nombre des héritiers s'était accru au point qu'il n'y avait presque pas de vallée dans l'Oberland, où il ne se trouvât une famille dont le vieux noyer n'eût vu naître le chef.

Le peu de terrain qui entourait l'arbre séculaire avait subi la même destinée; personne n'avait voulu y renoncer. S'il eût été plus considérable, on y aurait établi une ferme et on l'aurait louée au profit de tous; mais à peine y avait-il assez de prés pour nourrir cinq chèvres, et assez de place dans la partie habitable des ruines pour loger un homme. On avait donc, d'un commun accord, abandonné la jouissance de l'un et de l'autre à un ancien serviteur de la famille, bon vieillard à tête chauve, qui s'était acquis les droits d'un parent et d'un ami par ses longs et fidèles services, dans des circonstances importantes et périlleuses. Ce vieux brave homme s'appelait Melchior. Sa seule occupation se réduisait à surveiller le petit héritage et le noyer, tâche facile dans un pays où le respect de la propriété est scrupuleusement observé.

Melchior avait quatre-vingt-cinq ans. Il avait servi un des fils du premier propriétaire, il s'était marié dans sa maison, y était devenu veuf, avait vu marier son maître, et seul maintenant, mais non pas abandonné, il achevait dans le repos le reste de sa vie utile et honorable. Un peu faible et tremblottant, il avait conservé, malgré l'âge et les maux qui l'accompagnent, une bonne humeur, une verdeur d'idées qui faisait encore rechercher sa compagnie. Puis il était si franc, si affable, si parfaitement honnête homme, que l'on disait proverbialement à Iseltwald : *Loyal comme Melchior*. Vous devinez bien sans doute la cause de ce calme, dans un âge ordinairement chagrin, de cette honnêteté à toute épreuve, de cette gaieté, même dans les souffrances. Melchior était *chrétien*, ce mot explique tout.

Le vieux bonhomme avait de certaines manies qui donnaient souvent à rire à ses dépens. Il soutenait, par exemple, que le soleil n'était plus aussi chaud ni aussi brillant que dans sa jeunesse, et quand on lui disait que ce pouvait bien être plutôt ses yeux qui s'étaient affaiblis et son sang qui s'était glacé, il tournait le dos avec humeur et s'en allait en murmurant : Ne dirait-on pas, à les entendre, que je n'ai plus le bout de mon nez? Quoi qu'il en fût, son ouïe était restée parfaitement bonne, heureusement pour le noyer; car, à la fin de l'automne, il devenait le rendez-vous de hordes pillardes d'écureuils et de casse-noisettes, contre lesquelles il fallait guerroyer jusqu'à ce que la cueillette vînt définitivement leur couper les vivres.

Aussi fallait-il voir avec quel zèle le vieux Melchior sortait aux premières lueurs du crépuscule, affublé d'un immense bonnet taillé dans la peau d'un renard qu'il avait abattu de sa propre main, et portant sur l'épaule un mousquet de guerre! Il allait se mettre en faction sur un petit banc placé à cet effet au pied du noyer, et, malgré le brouillard qui pesait quelquefois sur les rives du lac, il restait là obstinément, l'oreille tendue au moindre battement d'aile qui décelait l'arrivée d'un voleur. Quel que fût le bruissement du vent dans le feuillage, il ne s'y trompait pas ; jamais on ne le vit lâcher un coup de fusil sans qu'aussitôt une demi-douzaine d'oiseaux ne quittassent en criant les branches du noyer, où ils avaient à peine le temps de se percher.

J'ai dit que la fertilité du noyer d'Iseltwald était aussi remarquable que sa grandeur ; mais cette fertilité n'avait jamais été plus grande qu'en l'année 1817. On pouvait littéralement dire qu'il y avait autant de fruits que de feuilles. Chaque bouffée de vent détachait des branches les noix trop mûres pour se soutenir sur leurs tiges, et, en tombant sur le gazon, le brou se fendait et laissait voir le fruit d'un brun pâle. Il brillait dans l'herbe fanée, comme un diamant sur le velours d'un écrin. Melchior ramassait ces noix en souriant, car elles lui amenaient l'automne, et dès le moment où il les voyait ainsi tomber d'elles-mêmes, il commençait à calculer sur ses doigts combien de fois le soleil devait se coucher encore avant le bienheureux jour où la baie d'Iseltwald s'encombrerait des bateaux des nombreux propriétaires du noyer.

Les membres de la famille fixaient chaque année, en se réunissant à la foire d'Untersée, qui a lieu à la fin du printemps, le jour du rendez-vous général à Iseltwald. On se guidait pour cela sur le plus ou moins de fleurs qu'avait portées le noyer, et surtout sur le plus ou le moins de précocité de la saison. Le vieux Melchior était chargé de tous les détails de la réception. On laissait à sa prudence le soin de préparer, dans l'énorme pot de grès, le café odorant; c'était encore lui qui garnissait l'armoire de miel, de fromage, de beurre, de fruits, et surtout d'une énorme corbeille de *wecks* [1], dont l'arome appétissant saisissait au loin l'odorat et réveillait l'appétit le moins aiguisé.

Ce jour bienheureux arriva enfin, et, chose rare, il se leva sans nuages. Dès le matin, Melchior avait placé en observation, sur la pointe du promontoire où s'élevaient les ruines dont il avait fait sa demeure, deux

---

[1] C'est le nom donné dans toute la Suisse allemande à une espèce de pain au beurre et aux œufs, pétri d'une façon particulière avec de la fleur de farine.

jeunes gens d'Iseltwald même, qui faisaient partie de la famille et avaient droit au partage des noix. Chacun d'eux tenait en main une longue corne des Alpes, et pendant que le vieillard préparait sa demeure à recevoir les nombreux convives qui devaient lui arriver, eux plongeaient leurs regards dans les vapeurs du lac, épiaient l'apparition des bateaux, afin de les saluer de loin et de leur apprendre qu'on les attendait.

Il était six heures du matin quand la première fanfare retentit sur les eaux, annonçant l'arrivée du premier bateau. Elle se répéta peu après une seconde fois, puis une troisième, puis une dixième fois, car vers les sept heures toute la portion du lac qu'embrassait la vue était tachetée de barques armées de longues rames, qui s'avançaient comme des araignées d'eau. Les unes venaient d'Interlaken, de Riggenberg, de Böningen; d'autres étaient partis de Tracht, et ceux-ci, quoique les plus près, ne furent cependant pas les premiers venus. L'Oberland tout entier avait contribué à remplir ces embarcations. A côté de l'habitant de la profonde vallée de Lauterbrunn était assis le métayer des pâturages lointains du

Gadmen. Il y avait là des hommes dans la force de l'âge, des vieillards au front chauve, de jeunes filles, de jeunes garçons, des mères qui allaitaient leur premier enfant, et des enfans qui commençaient à marcher. Les uns venaient pour la trentième ou la quarantième fois revoir le vieux noyer; d'autres pour la première, d'autres sans doute pour la dernière fois aussi. Il est impossible de se figurer une scène champêtre plus animée que celle qu'offrait en ce jour la baie d'Iseltwald. Tranquille et solitaire toute l'année, elle se trouvait tout à coup peuplée d'une vingtaine d'embarcations et d'une foule de joyeux visiteurs, parés de leurs plus beaux habits de fête. Les costumes les plus riches et les plus pittoresques de l'Oberland bernois semblaient s'y être donné rendez-vous. Vous auriez dit une mosaïque créée par l'imagination d'un artiste et rendue tout à coup vivante et agissante par la baguette d'une fée.

Vers les dix heures du matin, le plus grand nombre de personnes attendues à Iseltwald étaient réunies devant la demeure du vieux Melchior; on s'était salué, on s'était informé de la santé les uns des autres.

de l'état de propriété des affaires, chacun enfin s'était largement abreuvé à la cafetière au large ventre. Jamais cette réunion de famille n'avait été plus complète que cette année-là. Il ne manquait absolument que Rudi, jeune homme d'une trentaine d'années, fils d'un aubergiste du Grindelwald qui venait de mourir, et sa jeune cousine Meli, pauvre orpheline qui se trouvait alors en condition chez un paysan du Hasli. Comme ils vivaient tous deux assez éloignés de la demeure de leurs autres parens, et qu'on les savait dans une position à ne pouvoir facilement disposer de leur temps, on pensa qu'ils ne viendraient point, et Melchior fut chargé de recevoir pour eux leur dividende de la récolte, et de le leur garder jusqu'à ce qu'ils le fissent réclamer.

A onze heures Melchior annonça que la cueillette allait commencer. Le vieux bonhomme avait institué pour ce jour une espèce de cérémonial dont il ne permettait à personne de s'affranchir. Il était persuadé que les fêtes de famille ont besoin, plus que toute autre cérémonie, d'un peu d'appareil, parce que par leur nature elles tombent facilement dans le trivial. L'imagination d'ailleurs est si prompte à se dégoûter des choses simples.

Tout le monde se forma donc en procession. Melchior, en qualité de maître des cérémonies, assigna à chacun sa place. En tête marchaient, avec orgueil, six des plus vigoureux jeunes hommes de la famille. Ils portaient chacun sur l'épaule une longue perche de dix pieds, crochue à l'un de ses bouts; ils se tenaient par la main, et chantaient les paroles suivantes :

> Qu'en doux transports d'allégresse
> Nos voix, nos cœurs, s'unissent en ce lieu,
> Frères, rendons hommage à notre Dieu,
> Car sa bonté pour nous dure sans cesse !

Après eux venaient trois longues échelles portées chacune par trois campagnards robustes; puis, en rangs gradués et assez semblables à un jeu de tuyaux d'orgue, marchaient les enfans, munis chacun d'un petit panier d'osier. Quand leurs aînés qui marchaient en tête avaient fini leur couplet, ils reprenaient le chant, et leur répondaient par les couplets suivans :

> Dans tous les temps notre céleste père
> Nous a donné mille gages d'amour.
> Sa main prend soin de chaque nouveau jour
> Et sous son ciel tout ici-bas prospère.

Venaient ensuite les jeunes filles et les jeunes garçons non mariés, troupe rieuse et couverte de fleurs. Ils s'avançaient par couple, tenant d'une main de grands paniers, et se donnant le bras. Ils répondaient au chant des enfans :

> C'est Dieu qui fait descendre les rosées
> Sur tous les lieux où germent les moissons,
> Et le soleil, par de riches saisons,
> Vient revêtir nos campagnes dorées.

> Ce Dieu si bon dans toute la nature
> Veille toujours au bien de ses enfans :
> La Providence en ces soins bienfaisans
> Jamais n'oublie aucune créature.

Les pères, les mères, les vieillards, fermaient la marche. Ils avaient chacun un sac sur le bras gauche, et à la main droite une émine ou d'autres mesures plus petites pour assurer l'égalité des partages. L'on ne voyait point de fleurs sur leur tête, leur marche était lente et grave comme celle de l'expérience et de la réflexion. Leur chant avait aussi quelque chose de plus sérieux et de plus triste.

> En récoltant dans nos vergers
> Les fruits dont se pare l'automne,
> Pensons aux momens passagers
> Que la bonté de Dieu nous donne
> Pour semer la moisson qui mûrit dans les cieux.
> Le cœur est un champ; prenons garde
> D'y laisser de l'ivraie étouffer le bon grain.
> Malheur à qui s'endort, honte à celui qui tarde
> D'ensemencer son terrain.

C'est dans cet ordre que la famille d'Iseltwald arriva au pied du grand noyer séculaire. On en fit deux fois le tour en répétant les mêmes chants, puis chacun s'arrêta. Les jeunes gens s'occupèrent à dresser contre le sommet de l'arbre les trois échelles, ils se partagèrent entre eux les diverses parties du noyer, et à un signal du vieux Melchior, chacun grimpa à l'assaut avec cette gaieté et cet entrain qui rendent tous les travaux faciles.

Semblable à une fourmilière que le bâton d'un voyageur vient de bouleverser subitement, le noyer se trouva tout à coup entouré d'une foule bourdonnante qui allait et venait sans cesse de l'arbre à l'endroit où l'on accumulait le produit de la récolte, et de cet endroit à l'arbre. Une grêle de noix tombait à terre; on les voyait rebondir sur les chapeaux et sur le dos des jeunes filles et des enfans trop empressés à les ramasser. Les mamans avaient beau les inviter à attendre qu'elles tombassent en moins grande quantité, l'impatience l'emportait sur leurs exhortations, et les marmots s'exposaient gaiement au choc des noix pour avoir le plaisir de vite remplir leurs paniers.

Le produit de la cueillette avait dépassé toutes les espérances, et la grosseur des fruits encore enfermés dans le brou fit bientôt prévoir que chacun en aurait pour sa part une ou deux mesures de plus que les années précédentes. Quand il ne resta plus une seule noix sur l'arbre, pas une branche qui n'eût été secouée et visitée, les travailleurs, couverts de sueurs, descendirent à terre, et l'on forma un grand rond autour des noix mises en monceau, afin de procéder à leur partage. L'émine, la demi-émine, le quarteron, furent apportés. Melchior, patriarche de la réunion, prit la place d'honneur sur un siège qu'on lui improvisa avec des paniers; il fit placer à sa droite et à sa gauche les veuves et les orphelins, et devant lui les pères et les mères, chefs de famille. Les enfans qui avaient encore leurs parens ne recevaient rien pour eux en particulier, aussi prenaient-ils peu d'intérêt à ce partage, et, du moment où il n'y eut plus rien à gruger, ils descendirent sur le rivage, les uns pour s'y baigner, les autres pour faire ricocher de petits cailloux plats, ou tout simplement pour barbotter dans l'eau comme de petits canards. Mais les orphelins de père et de mère faisaient tête au partage, et recevaient la portion qui eût échu à leurs parens, s'ils eussent vécu.

Chacun eut bientôt son dividende de la récolte, plusieurs même l'avaient déjà serré dans des sacs, et personne ne s'était aperçu que Melchior avait oublié de mettre à part la portion de Méli et de Rudi. Mais voilà tout à coup que les enfans attroupés sur le rivage poussent de grands cris de joie ; on retourne de leur côté, et l'on aperçoit, avec surprise, un bateau conduit par un jeune homme et une jeune fille qui entre à pleine voile dans la baie d'Iseltwald.

— Voyez, s'écria Melchior en se frappant le front, voilà Rudi et sa cousine qui nous arrivent, et nous avons oublié de mettre leur portion à part. Si nous avions agi par avidité, il faut avouer que la punition n'aurait guère tardé à nous atteindre; heureusement il n'en est rien. La faute vient de moi seul. Allons les recevoir; que notre cordialité leur fasse oublier cette inattention qui pourrait les attrister. Et vous, maître Balthazar, en qualité de maître d'école, vous allez nous calculer ce qui leur revient, car il serait trop long de vider tous nos sacs et de recommencer le mesurage.

Toute la famille descendit avec empressement vers le rivage, et dès que les deux jeunes gens furent à portée de la voix, Melchior leur cria:

— Vous savez le proverbe, enfans! Qui vient tard n'a que les coquilles. Nous avons fait la récolte et le partage des noix sans vous, ce qui n'empêche pas que vous ne soyez les bien-venus; car, comme dit un autre proverbe: Mieux vaut tard que jamais.

Tandis que Rudi et sa cousine mettaient pied à terre, et répondaient aux témoignages d'amitié de leurs parens, les jeunes gens et les jeunes filles, restés un peu à l'écart, chuchottaient entre eux, et disaient:

— Qu'ils ont changé depuis une année! Qu'il est bien! qu'elle est belle! Oh que j'aime son air mâle et triste! Et moi son sourire gracieux et modeste.

Et d'autres propos semblables, selon le sexe et l'âge de ceux qui les tenaient.

Cependant les deux nouveaux venus n'avaient pas l'air aussi satisfaits que ceux qui leur faisaient cette cordiale réception. Un certain air de tristesse était répandu sur leur visage; ils avaient l'air gênés. Rudi demanda qu'il leur fût permis de s'asseoir un instant pour se reposer de leurs fatigues, et se rafraichir si on avait quelque chose à leur donner.

— Mais où donc ai-je la tête aujourd'hui, s'écria Melchior d'un ton chagrin, il faut que l'on me fasse penser aux choses les plus simples? Venez, venez tous deux, la table est encore dressée, d'excellent lait, du beurre, du miel, du pain blanc, et pour toi, Rudi, un coup d'une bonne eau-de-vie de huit ans qui te ranimera l'âme et le corps.

Méli, conduite par les jeunes filles de son âge, se dirigea vers la maison de Melchior, tandis que Rudi restait un peu en arrière, retenu par ses parens qui le questionnaient sur la cause de son retard.

— Il faut que vous sachiez, leur dit-il, quelque peu intéressant que cela soit d'ailleurs pour vous, il faut que vous sachiez que j'ai quitté hier Grindelwald pour toujours, et que c'est la dernière fois aussi que j'ai le bonheur d'assister à cette réunion de famille ; car je préfère être pauvre et honnête, que riche et méprisable. Le nom que mon père m'a transmis sans tache passera de même à mes enfans, si Dieu m'en donne, ou s'éteindra respecté de tous.

Mais comme vous ignorez la cause de mon infortune, mes discours doivent vous sembler obscurs. Voici le fait : mon père, abusé par l'air de probité et par les discours hypocrites d'un de nos voisins, s'était laissé aller à cautionner pour lui une somme assez forte dont cet homme ne pouvait effectuer le remboursement sans tomber dans la misère. Ce fut une sottise sans doute, mais une sottise respectable, puisqu'elle venait de son excessif bon cœur et de ce principe religieux qui fut, toute sa vie, la base de sa conduite : *Fais aux autres ce que tu voudrais que les autres fissent pour toi.*

Je n'ai connu que ce cautionnement grevait nos biens qu'à la mort de mon père. Aussi jugez de mon étonnement, de mon chagrin quand, au lieu d'entrer en possession de mon héritage, je m'en suis vu chasser par autorité de justice. J'ai vainement demandé du temps pour arranger cette affaire, le créancier a été inflexible, parce qu'il venait d'apprendre que le misérable qui causait ma ruine avait vendu clandestinement ses biens, et s'était enfui du pays sans se soucier de l'embarras où il me laissait.

Je ne me répandis point en plaintes ni en menaces. Quand l'infortune frappe, un homme doit agir et non se désespérer. Hier soir donc, le cœur gros de soupirs et de larmes, mais l'œil sec et le visage serein, j'ai quitté le village qui m'a vu naître et la vallée où je croyais passer ma vie, pour aller au Hasli y prendre ma cousine et venir avec elle fêter une dernière fois notre réunion de famille.

J'ai marché toute la nuit. Au lever du soleil, je traversais Meyringen, où je pris, sans m'y arrêter, le sentier aride qui longe Weissenfluh et qui monte directement au Hasli. Je tenais à venir à Iseltwald avec Méli, car je l'aime, et avant de m'éloigner j'étais bien aise de causer un peu longuement avec elle et en confiance. C'est une douce consolation, dans l'exil, de penser qu'il y a dans sa patrie quelques cœurs aimans qui pensent à vous et vous regrettent.

Tandis que je gravissais la montagne plutôt en courant qu'en marchant, j'aperçus tout à coup, sur le sentier, Méli elle-même, l'air triste, la tête penchée, les yeux encore gonflés de larmes. Elle tenait à la main un sac de voyage.

— Ciel! est-ce toi! m'écriai-je, quel chagrin t'est-il donc arrivé? Méli s'arrête et se prit à pleurer de nouveau. Je lui pris la main, et la conduisant vers quelques fragmens de rochers tombés sur le bord de la route, je l'y fis asseoir, et je la questionnai sur la cause de son chagrin. Elle me conta son histoire. Il faut être aussi triste que je l'étais pour comprendre tout ce que sa voix avait de douloureux et son regard de touchant.

La veille au soir, l'oncle chez lequel son manque de fortune l'obligeait à servir, ce vieil avare sans cœur et sans raison, l'avait mise à la porte de chez lui parce qu'une de ses chèvres avait été trouvée morte, et qu'il s'était fourré dans la tête que c'était de faim. Il accusait Méli d'avoir négligé son ouvrage ; mais dans le fond c'est qu'il était bien aise de trouver un prétexte de se débarrasser d'elle et de lui ravir, avec quelque apparence de justice, le peu d'argent qu'il lui devait. Oui, pour une misérable chèvre crevée, il a jeté à la rue une pauvre fille sans lui donner un pfenningue.

Quand je la rencontrai elle était donc sans appui et sans ressources. Son intention était de se rendre à Berne et d'y chercher une nouvelle place. Mais vous savez combien il est difficile de trouver de bons maîtres quand on n'a pas de certificats, et son oncle avait poussé la dureté au point de lui en refuser un.

— Que ne suis-je riche! m'écriai-je en entendant son récit, tes peines seraient bientôt finies. Mais il ne me reste plus rien au monde que ma part du noyer d'Iseltwald, et je te la donne. Allons voir nos parens, ils nous donneront peut-être un bon conseil ; mais quand je devrais vendre ma liberté et me faire soldat, je ne te laisserai pas dans le besoin. Je ne veux pas que faute de quelques écus tu sois obligée de prendre la première mauvaise place qui se présentera.

Vous pouvez juger maintenant, dit Rudi en terminant, que Méli ni moi ne pouvions arriver de meilleure heure. J'avais passé la nuit à marcher, elle à pleurer dans la grange d'un de ses voisins qui avait bien voulu lui donner un asile. N'ayant mangé ni l'un ni l'autre, nous n'avions pas grande ardeur à ramer. Mais nous voici au milieu de vous. Cela la consolera, elle se sentira moins seule. La récolte du noyer me paraît abondante ; quelqu'un de vous lui achètera bien, par humanité, sa portion et la mienne ; cela lui fera un peu d'argent, et l'idée de l'avoir laissée moins malheureuse m'aidera à supporter, dans les pays étrangers, son absence et celle de mon pays.

La voix du jeune homme paraissait visiblement altérée en prononçant ces derniers mots. Il resta un moment les yeux fixés sur la terre et recueilli dans le sentiment de sa douleur, sans songer aux nombreux témoins qui fixaient sur lui leurs regards. Melchior, qui avait écouté ce récit avec une attention marquée, frappa doucement sur l'épaule de Rudi, en lui disant :

— C'est bien, mon enfant, tu es un brave et courageux garçon. Va, nous ne t'en voulons plus d'être venu si tard. Il faut que je t'avoue, maintenant que nous nous sommes rendus coupables d'un oubli envers toi, que c'est moi qui suis fautif. Or, comme toute faute mérite une punition, je me condamne à perdre, en faveur de Méli, la part que l'on m'a donnée dans la récolte du noyer; et je regrette bien sincèrement de n'avoir que cela à lui offrir.

Le cercle des parens applaudit au désintéressement de Melchior, et entraînés par son exemple autant que par la compassion que leur inspirait leur jeune parente, ils s'écrièrent presque ensemble :

— Nous lui donnons aussi notre part, qu'elle prenne toute la récolte, cette chère enfant.

— Eh! que ne lui donnez-vous tout d'un trait le noyer lui-même? s'écria d'une voix de basse-taille le maître d'école Balthazar. Cela ne nous empêcherait pas d'en venir faire tous les ans la récolte. Nous n'emporterons pas les noix, voilà tout.

Il y eut un moment de silence à cette proposition. Chacun consulta des yeux son voisin pour y lire ce qu'il devait faire ; mais cette indécision dura peu.

— Ça va, ça va, s'écrièrent les braves campagnards en applaudissant des mains, donnons à Méli le noyer et le peu de terrain qui en dépend. Allons chercher cette chère enfant pour lui annoncer cette bonne nouvelle.

— Oui, oui, c'est très-bien, s'écria Melchior ; mais que voulez-vous qu'une femme seule fasse ici. Je propose que le noyer et les prés qui en dépendent ne soient donnés à Méli qu'à condition qu'elle n'y habitera pas seule, et je sais, ajouta-t-il en clignant malignement des yeux, je sais près d'ici un brave garçon qui ne demande pas mieux que d'aider à remplir cette condition. Pour moi, je renonce en sa faveur à la place que j'occupe dans ces vieilles ruines. Je lui cède la surveillance du noyer et mon fidèle mousquet. Dieu l'a doté d'une bonne santé et de membres robustes, avec ce fonds-là et l'amour du travail, on a toujours du pain. Que dis-tu de cet arrangement, Rudi ?

Rudi, trop ému pour pouvoir remercier ses bons parens, les embrassa avec effusion de cœur, et courut à la maison de Melchior annoncer à Méli leur bonheur, car il savait que les vœux de la jeune fille étaient les siens. Se tenant tous les deux par la main, ils vinrent remercier leurs bienfaiteurs, et le vieux Melchior surtout, qui avait pour ainsi dire mis en branle la générosité de tous.

— Ma foi, dit le vieillard en leur secouant la main, je ne m'attendais guère à récolter aujourd'hui, sur le vieux noyer, un fruit comme celui-ci.

LEÇONS MATERNELLES.

Il était tard, le croissant de la lune, semblable à une nacelle égarée sur l'Océan, flottait entre de légers nuages qu'un vent frais faisait glisser dans le ciel. Ce jour qui finissait si beau avait été bien pénible pour la pauvre Henriette qui l'avait passé à recueillir du foin sur les pentes de la montagne. Aussi se reposait-elle avec bonheur sous le frêne qui abritait la porte de sa cabane, heureuse d'avoir bien employé le jour que lui avait donné le Seigneur.

Son fils Gottlieb, seul enfant qui lui restât d'une assez nombreuse famille, sortit en chantant de l'écurie où il venait de donner quelques poignées de foin nouveau à la chèvre nourricière qui composait alors tout leur troupeau. **Gottlieb** avait alors onze ans.

— Eh bien, mon enfant, dit Henriette en le voyant venir à elle, tu n'es donc pas encore couché? Ne te sens-tu pas fatigué d'avoir été aujourd'hui chercher des ramilles si loin de notre demeure?

— Non, maman, répondit l'enfant, j'ai rencontré en chemin un vieux valet de ferme de notre voisin, et il m'a permis de mettre mon fardeau sur son char. Le long de la route, il m'a conté des histoires, je me suis même arrêté un instant à la ferme pour l'entendre en achever une qui m'intéressait extrêmement, puis je n'ai pas voulu aller coucher sans donner à notre chèvre une poignée du foin que tu as apporté, afin qu'elle nous donne davantage de lait et que ma portion du déjeuner soit un peu plus grosse.

— Cher Gottlieb! tu as donc faim quelquefois, et cependant je n'ai que toi d'enfant, et je ne puis pas même pourvoir à ta subsistance! Oh! cela me fend le cœur.

— Tu m'as mal compris, maman, je n'ai pas voulu dire que j'avais faim, au contraire, il ne me manque rien; j'ai la meilleure santé du monde, je suis gai comme l'oiseau qui chante sur le buisson ; ma petite veste est propre, j'ai de bons souliers pour l'hiver ; que me manque-t-il donc ?

— Rien, pour le moment, je le sais.

... S... main qui fournit aux oiseaux leur pâture
N'a pas laissé ton corps, enfant, sans nourriture.

— Eh bien, ne t'inquiète pas de demain ni de l'avenir. Écoute, je vais bientôt devenir riche, riche comme le bailli de Thune, et alors nous aurons tout en abondance.

— Toi riche ! mais tu n'y penses pas. Vois autour de nous ceux que l'on appelle riches. Il y en a-t-il un seul qui ne parle de sa pauvreté et ne se creuse la tête de soucis pour augmenter ses biens ? Qu'appelles-tu richesse ? Est-ce deux cents thalers de biens fonds, dix mille écus de rentes, ou le nécessaire tout simplement ? L'argent est bien difficile à gagner pour qui n'a pas d'argent.

— Je le sais, mais.... les folets des montagnes et les devins peuvent en une minute enrichir qui ils veulent et sans plus de peine qu'il ne m'en coûte pour lever le doigt.

— Qui donc t'a dit cela ?

— C'est Pierre, le valet de ferme du voisin. Sa grand'mère le lui a dit souvent, elle le tenait de son père qui lui-même le tenait du sien. Tu vois, maman, que c'est une chose bien vraie puisqu'on y croyait il y a tant d'années. Tu ne pouvais l'ignorer toi-même, il y a trop long-temps que tu vis dans ce pays pour n'en pas avoir entendu parler. D'où vient que tu ne m'en a jamais dit un mot?

— C'est que ce sont de sottes fables qui ne servent qu'à rendre les enfans paresseux et indociles. Je sais aussi un moyen de devenir riche, moi, et celui-là est infaillible, quoiqu'on en parle peu dans le monde.

— Oh! quel est-il? maman, dis-le-moi.

— Volontiers. C'est le travail, la piété, la prudence, la sobriété, mais tout se résume dans le travail. Sans ces quatre vertus il n'y a pas de folet de montagne qui puisse empêcher que l'homme pauvre reste pauvre et que le riche se ruine. Que d'exemples ne pourrais-je pas t'en donner?

Oh! bonne petite maman, dit l'enfant en prenant sa mère dans ses bras, conte-moi ce que tu sais. Vois, le temps est si doux, je suis en train de t'entendre toute la nuit ; mais conte-moi quelque chose de nouveau. Les vieilles histoires m'ennuient.

— Je le veux bien, répondit sa mère ; je vais te faire le récit de trois faits presque oubliés maintenant, et qui te prouveront ce que je t'ai dit. Savoir : que le travail est le seul moyen infaillible de s'enrichir. Ne t'attends pas à des aventures extraordinaires, car ces trois histoires n'ont pas été faites pour distraire les gens ennuyés ; on les a composées pour ceux qui cherchent dans les moindres choses des leçons pour leur propre conduite. Je serai bien aise de voir si tu sauras de toi-même en découvrir le sens. Assieds-toi sur mes genoux et surtout ne m'interromps pas.

L'enfant fit comme lui disait sa mère ; après s'être elle-même recueillie un moment, Henriette commença le récit suivant :

Il y avait autrefois à Itramen, dans la vallée de Grindelwald, un paysan fort à son aise, nommé Oswald. Il possédait entres autre un troupeau de vaches, le plus beau du pays, et tu sais que ce n'est pas dire peu de chose dans un pays où le luxe consiste en cela. Un soir, qu'il gardait lui-même son troupeau sur son herbage des Alpes, accablé par la fatigue des travaux de la journée, il se coucha sur la terre et se mit à dormir sans penser à faire auparavant sa prière et à recommander son troupeau à la garde de celui qui jamais ne dort. Il faisait clair de lune.

À peine était-il endormi qu'un petit homme à longue barbe sortit d'un ravin et s'approcha du troupeau. Il était exactement vêtu comme nos bergers. Une salière de cuir pendait de son épaule, et il tenait en main une longue baguette. Aussi habile que le métayer le plus instruit, il rassembla les vaches qui paissaient à peu de distance les unes des autres, et les conduit tout doucement sur le bord d'une arête de rochers d'où il les enlève soudain dans l'air. Les pauvres bêtes se sentant perdre pied, se mirent à beugler d'une façon si lamentable, que Oswald en fut éveillé et ouvrit les yeux assez vite pour voir disparaître sa dernière vache dans l'obscurité de la nuit. Tu peux comprendre quel fut le profond chagrin du pauvre homme de voir s'envoler ainsi ce qu'il avait de plus précieux dans ce monde. Il erra trois jours entiers dans les Alpes comme un homme privé de raison, mais enfin il prit son parti. Il se remit à sa besogne comme si de rien n'était; bien au contraire, il se levait même plus matin qu'à l'ordinaire, et se couchait plus tard aussi parce qu'il était plein de confiance dans sa résolution. Pendant le jour il parcourait les montagnes et coupait de l'herbe dont il emplissait son fenil. Matin et soir il passait deux heures dans l'écurie de ses vaches, il faisait la litière, enlevait le fumier, lavait le pavé, menait son troupeau paître et boire, trayait chaque bête à son tour en les appelant chacune par leur nom; bref, il ne négligeait envers son troupeau absent aucun des soins qu'il eût prodigués à son troupeau présent; car il se doutait bien qui était le voleur de ses vaches. Il savait combien les folets des montagnes sont mal'intentionnés envers les bergers. Il prit surtout un soin particulier de veiller à ses paroles. Jamais personne ne l'entendit parler de la perte qu'il avait faite ni en bien ni en mal, ni pour la regretter ni pour désirer qu'elle n'eût pas eu lieu : car il savait encore que le folet qui a ruiné un homme erre sans cesse à ses côtés pour savoir s'il dit du mal de lui.

L'hiver arriva, et Oswald n'interrompit pas ses travaux. C'était cependant une chose dure et décourageante de brasser pour rien et plusieurs fois par jour la neige jusqu'aux genoux, de monter sans aucun profit apparent sur les pentes glacées, d'aller chercher le foin dans les traîneaux malgré le vent et la neige qui l'aveuglaient. Une seule fois il lui arriva de prendre de l'humeur. C'était en gravissant le sentier de la montagne, il glissa et tomba sur son derrière. Un juron arraché par la douleur partit involontairement de sa bouche, encore ne le prononçat-il qu'à mi-voix. L'hiver se passa sans qu'il se relâchât de sa persévérance et de son rude travail. Je dis rude, car s'il y a un travail pénible à faire en ce monde, c'est celui dont on ne voit aucun résultat, dont on ignore le but, dont on ignore même si l'on sera récompensé.

Le printemps vint enfin, et dès les premiers jours de mai Oswald partit pour son herbage et prépara tout pour passer l'été comme les années précédentes. Cependant son cœur était bien triste de voir tant d'herbe croître et fleurir sans avoir une seule vache qui pût la brouter, un seul veau qui pût s'y jouer. Mais un jour qu'il partait pour le pâturage armé d'un fouet et criant : Hue! hue! comme s'il chassait un grand troupeau devant lui, il revint à l'endroit où il avait perdu ses vaches l'été précédent, et quelle ne fut pas sa joie, sa surprise, de les retrouver toutes, au même lieu, grasses comme elles n'avaient jamais été! A côté de chacune d'elles un veau cabriolait sur le gazon. Derrière elles marchait ce folet, encore armé de sa longue baguette, et portant toujours sa salière de cuir à l'épaule. Il souriait, le méchant, et s'amusait de l'air ébahi d'Oswald.

— Oswald, lui cria-t-il en lui faisant signe d'avancer, te souviens-tu du jour où tu glissas sur la neige, et où tu proféras un jurement?

— Je m'en souviens, dit le berger.

— Eh bien, vois. A cause de ce jurement, toutes tes vaches ont perdu un trayon, et si tu n'eusses pas veillé attentivement tous les jours sur tes paroles, je les aurais toutes mutilées, jusqu'à ce que le troupeau n'eût plus rien valu. Vas maintenant, je te rends tes vaches ; mais apprends à ne jurer jamais pour quelque sujet que ce puisse être ; attends tout du travail et de la persévérance, et.....

— Et fais ta prière chaque fois que tu t'endors, ajouta Gottlieb, devinant le reste de la moralité de ce conte.

— Tu as bien dit, mon enfant. Oui, le travail pour les objets de ce monde, la prière pour ceux de l'autre, la persévérance pour tous deux, voilà la source véritable de toute espèce de richesses. Que je te conte maintenant une histoire qui arriva dans le même temps ou à peu près.

Il y avait près du lac de Lowertz un paysan très-riche. Son grenier et ses coffres regorgeaient de biens, mais son cœur ne renfermait pas un seul bon sentiment. Il était sans cesse à se torturer l'esprit pour découvrir quelque moyen rapide d'accroître sa fortune, car il trouvait que le gain que procure le travail était trop peu de chose pour qu'il valût la peine de travailler.

Un jour il entendit parler, dans un cabaret où il passait toutes ses soirées, d'un trésor immense qui devait être caché sous une des collines voisines du village. Ce trésor, renfermé dans des caisses, était chargé sur une charrette immense dont on entendait souvent le sourd craquement. Une vieille femme qu'il avait adroitement questionnée sur ce fait lui avait de plus assuré que chaque année, dans la nuit de Pâques, vers minuit environ, la flèche de ce char sortait du pied de la colline, et qu'en cet instant un seul cheval suffirait pour le tirer dehors ; mais qu'au coup d'une heure le char rentrait en terre et qu'aucun pouvoir humain ne suffirait alors pour l'ébranler.

Dès que le vieil avare eut appris toutes ces choses, il ne se donna aucun repos avant d'avoir découvert la colline en question. Tout ce qu'il possédait déjà ne lui semblait plus que guenille et misère. Chaque nuit, armé d'un gros marteau, il courait dans les campagnes, heurtant contre toutes les pierres, contre les moindres monticules, pour distinguer au son quelle était celle qui pouvait contenir le char et le trésor. Durant toute une année on le vit inquiet, bourru ; personne n'en pouvait tirer une bonne parole ; il s'enfermait pour consulter des livres de magie, il examinait l'état du ciel ; bref, sa vie était déjà un enfer anticipé.

N'avançant pas dans ses recherches, il lui vint à l'idée de consulter un homme que le bruit public désignait comme un sorcier puissant. Il le fit venir chez lui, le traita magnifiquement, et lui exposa enfin sa demande. L'escroc, voyant à qui il avait affaire, commença par lui demander une forte somme d'argent, puis le soumit à une foule de cérémonies bizarres, et, après avoir arpenté la contrée en tous sens, il lui désigna enfin une colline, et lui désigna même l'endroit où la flèche du char devait sortir dans la nuit de Pâques. Il lui fit croire de plus que chaque bouc parfaitement noir qu'il égorgerait en cet endroit, jusqu'au jour où il sortirait le char de sa cachette, ajouterait une caisse de plus à toutes celles qu'il portait déjà.

Rien ne rebute le paysan. Malgré son avarice, il répand l'or à pleines mains pour se procurer des béliers noirs, qu'il va chaque nuit égorger au pied de la colline, dans le plus grand secret. Il lui semble quelquefois que la terre, soulevée par les coffres qui s'accumulent sur le char, remue et va se crevasser. Son avidité, excitée par les sacrifices mêmes qu'il faisait pour l'assouvir, s'était tellement emparée de toutes ses facultés, qu'il semblait qu'il fût devenu fou. On remarqua dans son village qu'il ne reprit un peu de calme et de gaieté que la veille du jour de Pâques. C'est qu'il se croyait au terme de ses souhaits.

La nuit décisive vint enfin. Dès la chute du jour, il avait eu soin d'écarter de sa demeure sous différens prétextes, sa femme et ses domestiques; car non-seulement il voulait s'approprier le trésor, mais il désirait de plus que nul être vivant ne pût soupçonner qu'il possédât de telles richesses. La méfiance, fille de l'avarice, lui infligeait déjà ses tortures.

Depuis le matin il tenait prêt dans son écurie quatre vigoureux taureaux et quatre chevaux ardens, nourris depuis plusieurs mois avec le foin le plus succulent. Il leur avait fait faire des harnais neufs ; il avait acheté de de fortes chaînes, des cordes, tout ce qu'il faut enfin pour atteler huit bêtes de sommes à un fardeau énorme.

Dès qu'il fit nuit close, nos deux avares, un fouet à la main, un levier sur l'épaule, se mirent en route avec leur attelage, le cœur gonflé d'espérance et d'ambition. Arrivés au pied de la colline mystérieuse, ils firent à tâtons leurs préparatifs, car la nuit était sombre, et ils n'avaient osé apporter une lanterne de peur d'être suivis. Tout est bientôt disposé: les quatre chevaux doivent être attelés au timon et les taureaux tirer devant; les traits sont étendus sur le gazon, il n'y a plus qu'à les attacher aux palonniers. Le magicien qui a dirigé jusque-là son compagnon d'œuvre lui fait une dernière, mais importante recommandation. Il lui fait jurer sur son âme et sur sa tête d'observer le plus profond silence pendant tout le temps que durerait la conjuration diabolique, l'avertissant que le moindre éclat de voix ruinerait non-seulement leurs espérances, mais exposerait encore leur vie au plus grand danger.

Après quelques heures d'attente, l'horloge d'un village lointain sonna enfin minuit. A peine la dernière vibration de la cloche rustique est-elle parvenue à eux, vague et affaiblie par la distance, un craquement se fit entendre, la colline s'entr'ouvre, et la flèche d'un char sort lentement de cette ouverture. Revenus de la première surprise que dut naturellement leur causer ce succès inespéré, nos deux avares se mettent sur-le-champ à l'ouvrage. Une petite lueur blanchâtre, semblable à un feu follet qui se joue autour des ferrures de la flèche, les aide admirablement à faire leurs préparatifs. Les huit bêtes sont attelées, et le fouet, qui aiguillonne leurs flancs, les sollicite à employer leurs forces pour enlever le fardeau auquel elles sont attachées. Un premier effort reste sans effet, un second réussit mieux. La terre cède peu à peu, l'attelage sue, se cabre, fait des efforts imaginables, la charge est lourde, et l'enfer ne lâche pas facilement sa proie. Enfin les roues de devant sont libres, les jantes et les rais brillent d'un éclat phosphorique; encore un coup de collier et le train de derrière est dehors; il sort enfin. Mais dans ce moment même le paysan, ivre de joie, oublie les sermens qu'il a faits à son compagnon.

— Ho! ho! s'écria-t-il, ne pouvant plus se contenir, nous en voilà finalement maître.

Mais apeine a-t-il prononcé la dernière syllabe de son dernier mot qu'il tombe à la renverse sur le gazon, terrassé par une puissance invisible. Les chevaux, les taureaux, le char, tout rentre dans le sein de la terre;

le magicien s'évanouit en poussant un grand éclat de rire, une odeur de soufre et de poix empuante un moment l'air, puis tout rentre dans le calme et le repos de la nuit. Il était déjà grand jour quand le paysan reprit ses sens, réveillé par le frais pénétrant de la rosée du matin.

Il se lève, il examine les objets qui l'entourent, mais il n'aperçut que la rosée qui pend en gouttes brillantes aux pointes des longues herbes, l'alouette qui chante son hymne matinale, la nature, enfin, calme, toujours la même, la nature immuable comme son créateur. Seulement, près de l'endroit où il est tombé sans mouvement, il aperçut l'empreinte fraîche et distincte d'un pied crochu et un bout de corde que Satan a laissé là pour le tenter jusqu'au bout. Ce bout de corde, reste unique de son superbe attelage, unique débris de sa fortune précédente, lui rappelle avec force tout ce qu'il a perdu, toutes les inquiétudes qu'il a endurées en vain, les veilles inutiles qu'il a passées à la recherche de son trésor; il voit qu'il ne lui reste plus que la moquerie des hommes, la honte, la misère, et l'infortuné se croit sans ressources, parce qu'il est sans idole. Il se livre au désespoir, il se meurtrit la figure sur la terre en blasphémant contre Dieu, et ne pouvant se résoudre à vivre sans or, il se pend avec le bout de corde que le diable lui a laissé, parce qu'il sait bien, cet éternel ennemi des âmes, qu'avec la crainte de Dieu tout s'en va, même l'instinct de la conservation.

— Oh! la triste histoire, bonne maman, dit Gottlieb à demi-voix : comme il avait peur! A quelles terribles conséquences nous poussent les conseils du démon! Non, non, je ne veux plus devenir riche, on perd son âme en voulant amasser de l'or. Mais je vous en prie, ne me laissez pas aller coucher avec ces tristes impressions ; mon sommeil en serait troublé. Contez-moi encore une histoire, une histoire gaie, entends-tu, petite maman?

— Je le veux bien, mon fils, prête-moi donc encore un instant ton attention.

Il y avait dans le Siebenthal un homme bon et simple, nommé George. Son père lui avait laissé en mourant un champ de peu d'étendue, et un moulin à pilon, où les paysans du voisinage venaient faire monder, pour un léger salaire, leur orge et leur avoine. Mais le produit du moulin ne suffisait pas pour faire vivre son maître. Il fallait, dans les intervalles des montures, qu'il s'occupât de la culture de son champ, ou qu'il allât travailler comme journalier chez les gros fermiers des environs, et souvent il arrivait que les pratiques, trouvant le moulin fermé, s'en retournaient fâchées, et portaient ailleurs leur grain. Quand on trouvait George au logis, le moulin n'était pas prêt à fonctionner, parce que les pilons n'étaient pas propres, ou bien il n'avait pas eu le temps de refaire une dent de roue qui s'était brisée: il y avait toujours quelque empêchement. Les paysans qui venaient souvent de très-loin étaient obligés de s'en retourner sans leur grain, et c'était toujours en se promettant bien de ne jamais avoir plus rien à faire avec un meunier si paresseux.

— Que n'ai-je quatre bras ou les moyens d'avoir un garçon pour m'aider! disait souvent George en nettoyant son moulin. Je perds ici sans utilité un temps qui me serait bien utile ailleurs; ce moulin me nuit plus qu'il ne me rapporte : que n'ai-je quatre bras ou un domestique !

Pendant long-temps les choses allèrent ainsi sans que George pût se décider à vendre le moulin paternel. Il y était né, il y avait passé sa jeunesse, et il y tenait avec la force que donnent trente ans d'habitude. Mais enfin les profits devinrent si minces, si minces, qu'il fallut bien prendre un parti. Un soir donc qu'il rentrait chez lui, bien décidé à afficher le lendemain, il voulut mettre en ordre l'usine afin d'en relever le prix aux yeux des acheteurs. Quelle ne fut pas sa satisfaction quand il trouva les ustensiles qu'il avait laissés la veille en désordre et malpropres, rangés chacun à leur place, luisans et lavés !

— Oh! oh! fit-il en ouvrant de grands yeux, quelle bonne âme est venue si à propos à mon secours! Si l'on m'avait rendu plus souvent ce service, je n'en serais pas réduit à vendre mon cher moulin.

George pensait que quelqu'un de sa connaissance était sans doute venu en son absence et avait voulu lui ménager cette surprise; car le moulin était trop éloigné du village et des autres fermes pour que l'on pût supposer que ce fût un service de voisin.

Pendant toute une semaine, la même chose se répéta tous les jours ; le samedi surtout, tandis que George était absent pour faire les provisions de la semaine suivante, quelqu'un, fée ou démon, entrait au moulin, balayait, lavait, frottait tout, mettait les ustensiles en ordre, remplissait les réservoirs d'eau, et disparaissait on ne sait comment ; car les portes étaient toujours exactement fermées et les volets bien arrêtés. George était bien éloigné de se plaindre de l'invisible serviteur qui lui tenait sa maison sur un si bon pied ; mais il était intrigué de n'apercevoir nulle part la moindre trace qui décelât de quelle nature pouvait être cet être énigmatique. L'ouvrage cependant était revenu au logis, avec lui le gain et l'aisance. Les paysans, voyant que leurs moutures se faisaient avec plus d'exactitude, disaient : Allons chez George, c'est un garçon rangé ; et souvent on lui apportait, de la part des fermières, de petits présens en beurre et en lait.

— Parbleu, disait George, ce train-ci me convient fort ; que ce soit un homme ou un esprit qui m'aide si assidûment, peu m'importe ; je le laisserai faire tant que cela lui fera plaisir. Si c'était un piége, cependant ? et qu'après m'avoir fait du bien pendant quelques semaines il lui prît fantaisie de me tourmenter pendant des mois en payement de ses services, j'aimerais autant le congédier tout de suite. Toute réflexion faite, il faut que j'en aie le cœur net.

Un jour donc le voilà qui se cache dans la charpente du toit, sur quelques planches qu'il avait clouées en forme de niche, et d'où il pouvait embrasser d'un coup d'œil l'intérieur du moulin. J'oubliais de vous dire que ce jour-là était un samedi. Vous savez que, dans toute maison bien administrée, on en profite pour nettoyer à fond tous les appartemens. Ainsi faisait le mystérieux valet du moulin, et comme il lui fallait probablement beaucoup plus de temps pour cette besogne que pour celle des autres jours, George pensa qu'il aurait plus de loisir aussi pour observer sa figure et sa nature.

Après quelques heures d'attente, une partie du plancher se leva brusquement comme le couvercle d'une tabatière à ressort, et donna passage à une petite tête pointue dont les yeux vifs et petits, comme ceux d'une souris, annonçaient la malice et l'espièglerie. La petite tête examina autour d'elle si tout était paisible, flaira l'air, comme un chien qui prend une piste, et un petit bonhomme haut de trois pieds environ sauta hors du trou, en faisant une série de culbutes grotesques. A voir ce petit être frêle, vous n'auriez jamais deviné la force et l'activité que cachait sa chétive enveloppe. En moins de quelques minutes, les sacs les plus lourds que George avait renversés par malice au beau milieu du moulin furent relevés et adossés contre le mur, le blé mondé fut serré dans la huche, celui à moudre vanné et entassé dans des cuirs, les rouages huilés, et la poussière enlevée de partout. La verge d'une fée aurait à peine opéré plus vite.

George avait souvent entendu parler de génies dont le sein de la terre est peuplé; mais son bon sens naturel lui avait toujours fait envisager les récits qui circulaient sur ces êtres surnaturels, comme des fables faites à plaisir, ou d'ingénieuses fictions. Mais quand il vit de ses propres yeux un échantillon de ces peuples souterrains, je vous laisse à penser si ses idées furent subitement changées et s'il resta long-temps ébahi et stupide.

Quand le nain eut achevé sa besogne, il grimpa lestement sur un bahut qui contenait la garde-robe de Georges et s'asseyant les jambes croisées à la façon des tailleurs, il posa sa tête dans ses mains, et commença à chanter, d'un ton lent et lamentable, les vers suivans :

Hélas ! hélas ! quel destin déplorable !
Pour un ingrat chaque jour on m'accable
  De peines, de maux !
Dans ce moulin où régnait l'indigence
J'ai ramené la paix et l'abondance
  Par mes travaux.

Mais c'est en vain que je me mets en nage,
Faute d'atours je fuis loin du bocage
  C'est un grand mal !
Mais qui n'a plus de riche broderie
De collier d'or, de belle orfévrerie
  Doit fuir le bal.

Quand le nain eut achevé sa complainte, il sauta à bas du bahut, fit quatre ou cinq cabrioles, et disparut dans le même trou par où il était venu ; puis le plancher se referma.

Les planches étaient si exactement jointes que George ne put jamais retrouver ensuite l'endroit précis par où le nain avait pénétré.

— Parbleu, dit le meunier, voilà un drôle de petit compère. Il est vif comme un chamois, fort comme un Oberlandais, mais il ne paraît pas d'humeur bien joyeuse. Il me traite d'ingrat et fait des culbutes ; il pense au bal et chante des complaintes ; ah ! le farceur ! En définitive, est-ce un homme ? est-ce un diable ? Un homme ne se donnerait pas tant de mal pour rien ; un diable ne ferait pas tant de bien sans mal ; qu'est-ce donc que ce petit bonhomme ? Je ne sais : mais qu'importe ? il m'est utile, il faut l'en récompenser. Puisqu'il regrette tant le bal, je vais lui donner des habits pour s'y présenter. Bah ! une main lave l'autre.

Depuis ce jour, George s'appliqua à observer le nain avec une attention minutieuse, afin d'apprécier à l'œil quelles pouvaient être les proportions de son corps, et il lui fit faire ensuite un petit costume de page. Le petit manteau était en velours noir, bordé de tresses d'argent, les chausses en drap cramoisi, et les brodequins en maroquin rouge, ornés de franges de soie. La toque, surmontée d'une belle touffe de plumes de héron, était enrichie d'une agrafe de brillans.

— Parbleu, disait George en regardant chaque pièce de ce costume, cela me coûte un peu cher ; mais qui ne hasarde rien n'a rien. Cet habillement est un capital dont le travail de mon nain sera l'intérêt. Je parie qu'il va se piquer d'émulation, et que bientôt je pourrai agrandir mon usine ; car, quoi qu'on en dise, le mieux n'est pas toujours ennemi du bien.

Un samedi donc, à l'heure où le nain faisait ordinairement son apparition, George descendit à son moulin, et suspendit à un clou planté bien bas les diverses pièces du costume et la toque par-dessus ; il posa sur le plancher les brodequins, et alla se blottir dans une cachette d'où il pouvait voir d'assez près ce qui allait se passer. Oh! comme il était content de lui, le pauvre meunier, comme il se glorifiait sottement de la bonne idée qu'il avait eue, comme il croyait s'être assuré pour toujours l'affection de celui qui représentait à ses yeux la fortune! Or, écoutez la fin.

Le parquet s'ouvre, le nain paraît. L'empressement qu'il met à expédier son ouvrage fait qu'il passe et repasse plusieurs fois devant le présent qui lui est destiné sans l'apercevoir. Il balaye, il frotte, il essuie tout ce qui ne lui paraît pas de la plus scrupuleuse propreté. Enfin, quand il a fini, et au moment où il allait grimper sur son bahut pour faire sa plainte ordinaire, il se sent effleurer la joue par le bout d'une des plumes de la toque. Un petit cri strident et bref exprime sa surprise ; en une minute il se dépouille de sa défroque de lutin et endosse celle de page. Il s'admire, il fait le beau, marche en redressant la tête comme la vache qui marche en tête d'un troupeau qui monte aux Alpes, puis il se remet à danser en chantant les vers que voici :

>Oh ! quel bonheur ! quelle allégresse !
>N'ai-je pas l'air d'une altesse
>Empenné comme me voilà ?
>Jamais je n'eus une toilette
>Si fringante et si coquette ;
>Aussi croyez bien cela ;
>C'est qu'aujourd'hui j'abandonne
>Ce moulin à sa patronne
>Ainsi qu'au sot caché la....

Je vais danser, me distraire.
Adieu, meunier débonnaire,
Balaye ici qui voudra,
 Ce n'est plus moi.

Et le nain malicieux disparait dans le trou du plancher, la tête la première, en faisant à George un long pied de nez.

— Parbleu, dit le pauvre garçon sortant de sa cachette, voilà un méchant petit coquin. Serait-il assez scélérat pour me jouer un tour pareil? Mais non, cela ne se peut; c'est une plaisanterie, c'est une farce. Il reviendra demain.

Et le lendemain l'usine resta tout le jour en désordre. Deux jours, trois jours se passèrent, puis des mois, et le nain ne paraissait plus. Tandis que George ne se lassait pas d'attendre, la misère, cette terrible patronne que le nain avait appelée, reprit possession de sa niche. Plus de travail, plus de bien-être, partant plus de bonheur. Au lieu de supporter son malheur en homme courarageux, George se laissa abattre; il travailla moins encore qu'avant les apparitions du nain ; les besoins amenèrent après eux la maladie, et pendant un hiver rigoureux qui survint peu après, le meunier mourut de froid et de faim.

— Oh! le plaisant conte! s'écria Gottlieb quand sa mère eut cessé de parler. Ce pauvre George fut bien dupe de son ambition. Je ne veux pas faire comme lui. J'aime mieux devoir notre aisance à mon travail qu'à un démon qui nous ruinerait par caprice.

— Ces trois contes, reprit Henriette, se répétaient de bouche en bouche dans mon enfance, et beaucoup de personnes s'en moquaient déjà. Je sais que ce sont des fables absurdes; mais cette enveloppe d'absurdité ressemble au brou de la noix, dont la forme grossière et la saveur repoussante cachent néanmoins un fruit excellent. Ces trois contes, si tu sais les comprendre, serviront à te rappeler que tous les moyens que l'homme peut employer en ce monde, pour acquérir des richesses, aboutissent réellement à sa ruine, s'ils ne sont conformes à la parole et à la volonté de Dieu. Maintenant, viens te coucher, mon enfant, et n'oublie pas ta prière, comme le fit Oswald. Tu sais combien de maux il souffrit pour avoir négligé une seule fois ce devoir?

Gottlieb embrassa sa mère et rentra dans la chaumière; mais son imagination, préoccupée des trois histoires qu'il venait d'entendre, écartait de son chevet le sommeil, fidèle ami de l'enfance; il repassait dans sa mémoire les instructions qu'elles contenaient, et cette nuit contribua beaucoup à le rendre honnête homme et chrétien.

Henriette demeura encore quelques momens assise, absorbée dans la contemplation du ciel, où la lune poursuivait sa course paisible. Elle pria avec ferveur l'Être immense et bon qui a jeté tant de merveilles dans l'espace, et, sentant le frais du soir humecter ses vêtemens et engourdir ses doigts, elle se dirigea vers sa chaumière en chantant à voix basse ces strophes d'un cantique qu'elle avait appris de son curé, et qui lui était, à cause de cela, resté particulièrement cher :

> De ce jour, qui déjà monte
> Comme un témoin devant toi,
> Ne nous demande pas compte
> Juste et redoutable roi.
> Ah! nous rougissons de honte
> Pour nos oublis de ta loi.
>
> Tu connais notre durée,
> Tous nos jours sont en tes mains;

> Notre course est mesurée,
> Nos momens sont incertains ;
> Comme au matin la rosée,
> Ainsi passent les humains.

Gottlieb, entendant la voix de sa mère, se leva de son lit, et, mettant sa tête enfantine à la lucarne du petit grenier qui lui servait de chambre, il reprit le cantique où l'avait interrompu sa mère, et chanta d'une voix douce ce dernier verset :

> Garde-nous, Sauveur fidèle !
> A l'abri de tous les maux,
> Et pendant que sous ton aile
> Nous goûtons quelque repos,
> Que ta bonté renouvelle
> Nos forces pour nos travaux.

LE PIGEON.

CHAPITRE PREMIER.

Le pigeon.

Le château de Falkenbourg était habité, il y a plusieurs siècles, par le baron Théobald de Falkenbourg et son épouse Otilia. Jamais ce noble domaine n'avait eu un seigneur plus brave et plus bienfaisant. Tous les affligés trouvaient en lui une protection efficace et désintéressée ; le bonheur de faire du bien était la seule récompense qu'ambitionnait ce pieux seigneur, et son épouse ne trouvait pas de plus grande joie que celle de répandre d'abondantes aumônes parmi les indigens du pays. Elle allait elle-même les chercher dans les chaumières où se cachait leur misère, et pour peu qu'ils se montrassent intéressans et recommandables, ils recevaient des secours pour leur corps et des consolations pour leur âme. Agnès, fille unique du baron de Falkenbourg, accompagnait toujours sa mère dans ses visites ; elle s'était ainsi habituée de bonne heure à faire sa joie de la joie des autres, et à se considérer comme l'économe de la fortune qu'elle pouvait tenir un jour de ses parens. Jamais famille noble n'avait été plus généralement aimée et respectée, et ce n'est pas un petit éloge pour un temps surtout où la noblesse ne se distinguait que par ses rapines, ses brigandages et son avidité. Bien loin d'inspirer de la terreur, le château de Falkenbourg était au contraire un lieu de bénédiction ; les malheureux tournaient leurs regards vers ses hautes tours avec la confiance d'y trouver le soulagement de leurs misères, et, dans le pays, un affligé ne terminait jamais le récit de ses maux sans dire : Dieu et Falkenbourg me soient en aide ! Aussi la bénédiction du ciel reposait-elle sur la famille du baron d'une manière remarquable. Ses nombreuses largesses semblaient accroître sa fortune, ou tout au moins n'y faisaient aucune brèche ; il est vrai qu'il était un des seigneurs les plus opulens du pays.

Un jour, après dîner, la baronne Otilia et

sa fille Agnès descendirent dans le jardin du château pour y chercher à l'ombre des bosquets un peu de fraîcheur contre l'ardeur du soleil. Ce jardin était situé sur le penchant de la colline dont le château occupait la sommité. On l'avait planté en dehors des murs afin de pouvoir lui donner une plus grande étendue, et l'on y descendait par une poterne et des escaliers en pierre. La baronne et sa fille firent quelques tours dans les allées bordées de fleurs et d'arbres fruitiers ; elles se reposèrent un instant auprès d'une fontaine, cueillirent quelques cerises qui commençaient à mûrir et des fraises ananas dont fourmillaient les plates-bandes. Elles allèrent enfin s'asseoir sous un berceau de chèvre-feuille et de clématite, où elles avaient fait porter dès le matin leur table à ouvrage. Elles travaillaient en ce moment à coudre la layette dont elles voulaient faire cadeau à la femme d'un pauvre bûcheron qu'elles avaient rencontrée peu de jours auparavant dans le dénûment le plus complet. C'était l'heure de la journée où le soleil darde le plus lourdement ses rayons ; les oiseaux ne faisaient plus entendre aucun bruit, le silence du jardin n'était interrompu que par le clapotement uniforme de l'eau de la fontaine qui tombait dans son bassin.

Tandis qu'elles travaillaient et causaient ensemble, un oiseau s'abattit soudain dans le berceau; mais, effrayé d'y trouver quelqu'un, il voulut reprendre son vol, et n'ayant pas pour cela l'espace suffisant, il se heurta contre les branches, et tomba étourdi par terre. Agnès, effrayée d'abord du bruit de ses ailes et du froissement du feuillage, s'était réfugiée près de sa mère en poussant de grands cris; mais elle se rassura bientôt en voyant que ce n'était qu'un pigeon, et elle courut le relever.

— Oh! qu'il est beau, maman, s'écria-t-elle, comme son plumage est blanc!

— Oui, dit sa mère, il est tout jeune. Mets-le dans mon panier, je te le ferai rôtir pour ton souper de ce soir.

— Le faire rôtir! s'écria Agnès en cachant l'oiseau dans ses bras comme si elle eût déjà voulu le défendre contre la broche du cuisinier; oh! non, maman, tu ne le feras pas, cette pauvre bête est venue se réfugier près de nous, je ne l'abandonnerai plus. Regarde donc comme il est joli! Il est aussi blanc que la neige, ses petites pates sont rouges comme du corail; je sens son petit cœur battre contre ma main. Non, ma petite bête, je ne te ferai aucun mal ; je veux te garder, te soigner, t'aimer, te rendre le plus heureux des pigeons.

— C'est bien, ma fille, dit la baronne en embrassant Agnès, j'aime ce mouvement de bon cœur. Garde cet oiseau, je le veux bien, tu l'élèveras dans ta chambre. Oui, nous ne devons jamais repousser les malheureux qui ont recours à nous ; nous devons nous montrer pitoyables pour toutes les souffrances, même pour celles des animaux.

Dès le lendemain, Agnès eut pour son oiseau une jolie cage en forme de pagode ; le toit était peint en rouge et les perchoirs en vert. Elle la suspendit dans un coin de sa chambre, et son premier soin en se levant fut désormais de renouveler l'eau de son auge et de répandre du sable propre sur la planche du fond. Le pigeon s'habitua bientôt à sa petite maîtresse, il venait en toute sécurité prendre dans sa main les miettes de biscuit dont elle le régalait, il se perchait sur son épaule, obéissait à sa voix, et dès que le jour paraissait, il volait au chevet d'Agnès, et ne se donnait pas de repos qu'elle ne se fût levée et ne lui eût donné sa pâture.

Agnès s'en plaignait un jour à sa mère.

— Je sais ce que je vais faire, lui disait-elle, je prierai ma bonne de l'enfermer tous les soirs dans sa cage, et de mettre le crochet afin qu'il ne vienne plus me réveiller, et que je puisse dormir tout à mon aise.

— A ta place je n'en ferais rien, répondit la baronne, j'aimerais mieux apprendre à me lever de bonne heure. C'est une habitude salutaire, le corps s'en trouve bien, l'esprit y gagne aussi. J'aurais honte, il me semble, d'être moins diligente qu'un pigeon.

Agnès suivit le conseil de sa mère, et devint active et matinale.

Le petit pigeon devint bientôt, sans qu'elle s'en doutât, son instituteur et son modèle. Quand il accourait à tire-d'aile à son moindre appel : — Vois, lui disait sa mère, obéis-tu à mes ordres avec autant d'empressement, et quand tu obéis, est-ce avec la même joie? Quand Agnès salissait ses vêtemens en jouant sur la terrasse ou près des fontaines : — Regarde ta colombe, lui disait la baronne, quand elle veut boire dans le ruisseau, marche-t-elle sur la fange, ou même sur la terre détrempée par l'eau? n'a-t-elle pas soin de se pércher sur un petit caillou? ne prend-elle pas bien garde de ne pas laisser tomber sa queue par terre? Imite-la, ma fille, la propreté est une vertu.

Agnès s'était une fois absentée tout le jour avec sa mère pour visiter quelques châteaux du voisinage. En rentrant le soir à Falkenbourg, le pigeon la reçut avec de telles démonstrations de joie, que la femme de chambre ne put s'empêcher d'en témoigner sa surprise.

— Il vous a cherchée tout le jour, mademoiselle, dit-elle à Agnès; il n'a rien voulu prendre de ma main, pas même du biscuit. Je n'aurais jamais cru qu'un petit animal, privé de raison, reconnût si bien sa bienfaitrice et lui témoignât tant d'affection.

— C'est vrai, répondit Agnès, surtout quand les bontés de sa bienfaitrice se bornent à quelques poignées de grains.

— Es-tu aussi reconnaissante que ton oiseau, demanda la baronne à sa fille; aujourd'hui, par exemple, tu as eu beaucoup de plaisir, en as-tu remercié Dieu? Je t'ai donné de beaux vêtemens, m'en as-tu rendu grâce? ton père t'a prêté son plus beau cheval, lui en as-tu su gré? Agnès! Agnès! vaudrais-tu moins qu'un pigeon?

Agnès avait un bon caractère, elle profita des leçons que son oiseau lui donnait; il lui en devint même plus précieux.

— Chère petite bête, lui disait-elle un jour qu'elle le voyait perché sur le pied de la table où elle travaillait avec sa mère, j'ai bien appris des choses de toi, je t'ai autant d'obligations que tu m'en as.

— Et cependant, ma fille, dit la baronne, la leçon la plus importante que puisse te donner ta colombe, te reste encore à apprendre. La colombe est l'emblème de l'innocence, il n'y a en elle ni méchanceté ni malice, elle est pure et simple, sans art et sans prétention. Jésus, le seul homme innocent qui ait foulé la terre, disait d'un seul mot à ses disciples : Soyez simples comme des colombes. Oh! puisse cette simplicité être la tienne! Puisse la dissimulation être toujours étrangère à ton cœur! Dieu me donne d'entendre dire de toi : Mademoiselle Agnès est douce et simple comme une colombe!

J'ajouterai que cette bonne mère eut cette

joie; Agnès, grâce à Dieu, devint un modèle des vertus chrétiennes et, fit continuellement la joie et la gloire de ses parens.

CHAPITRE II.

Le présent.

LE pays était depuis quelque temps ravagé par une bande de reîtres et de lansquenets, soldats allemands qui s'étaient mis à la solde de la France, et qui, licenciés après la guerre, trouvaient commode de vivre de pillage et de massacre, plutôt que de rentrer dans leurs foyers et d'y reprendre un genre de vie honnête et laborieux. Ces brigands, chassés de seigneuries en seigneuries, avaient fini par attaquer aussi les terres de Falkenbourg : et mal leur en prit, car le baron se tenait depuis long-temps sur ses gardes, et il les extermina en grande partie.

Le cinquième jour où il revint de cette fameuse expédition, il était assis, vers les huit heures du soir, dans l'embrasure d'une fenêtre de son château. Une petite table ronde, couverte de confitures et de flacons de vin, était devant lui ; il racontait à sa femme et à sa fille la manière dont il s'était pris pour surprendre les lansquenets et les écraser. Tout en écoutant ce récit, ces deux dames faisaient marcher avec rapidité leur rouet d'ivoire, et elles n'interrompaient leur travail que pour servir le baron ou moucher de temps en temps les bougies qui se consumaient dans un grand chandelier d'argent à cinq branches. Un domestique entra dans le salon où la famille se trouvait réunie, et demanda la permission d'introduire une dame qui demandait à parler au baron. Théobald se leva lui-même pour la recevoir, et, tandis qu'Agnès préparait des siéges, il s'avança jusqu'à la porte pour y recevoir l'étrangère. C'était une femme de grande taille, belle et pâle, vêtue d'habits noirs, mais d'habits qui annonçaient la femme noble et riche. Elle tenait par la main une petite fille en deuil comme elle.

— Je vous prie de m'excuser, dit-elle au baron, si j'ai recours à vous sans vous avoir jamais vu nulle part, sans même vous apporter aucune recommandation propre à vous disposer en ma faveur. Je suis la veuve du comte de Tokenbourg ; cette enfant est ma fille. Vous n'ignorez pas les malheurs qui sont venus en peu de temps fondre sur notre maison ; tous les châteaux du pays en ont entendu parler ; mais de toutes ces pertes, la plus irréparable pour moi, c'est la mort de mon époux. Vous avez fait la guerre avec lui, baron Théobald ; je m'abstiens de faire son éloge. Depuis qu'il n'est plus là pour protéger son château et ses biens, nos voisins semblent se liguer pour nous en dépouiller. L'un élève des prétentions sur les prés et les villages qui sont à l'ouest du château, l'autre veut s'emparer des forêts qui l'entourent au nord et à l'est, de façon qu'il ne me resterait presque plus que les murs du vieux manoir. Les deux seigneurs, qui se montrent nos plus ardens ennemis, ont tourné contre nous, par leurs manœuvres et leurs promesses, ceux-là même qui avaient reçu des bienfaits de mon époux et qui semblaient devoir être nos soutiens. Dans cette pressante nécessité, je suis venue à vous, car voici ce que m'a dit en mourant, le comte mon époux : — Confie-toi en Dieu et au baron Théobald de Falkenbourg, et tu pourras défier tous tes ennemis. Je viens donc à vous, au nom de votre frère d'armes je vous supplie de m'aider comme vous voudriez que l'on aidât votre veuve si elle se trouvait (Dieu l'en garde!) dans la même position que moi.

La petite fille, qui s'était tenue jusque-là près de sa mère, s'approche du baron et, joignant ses petites mains : — Noble seigneur, lui dit-elle, soyez mon protecteur et mon père, ne m'abandonnez pas à ceux qui veulent nous faire du mal et qui font chaque jour verser tant de larmes à maman.

Le baron Théobald ne répondait rien. Il passait et repassait sa main sur son front d'un air pensif, comme il avait l'habitude de le faire chaque fois qu'il était fortement préoccupé; mais il gardait le silence et regardait fixement la terre. Agnès crut qu'il hésitait; son cœur, ému par le récit des infortunes de la comtesse, et fortement attiré vers sa fille qui paraissait avoir même âge qu'elle, son cœur lui faisait craindre que des motifs de prudence n'empêchassent son père d'agir, car elle savait combien en toute occasion il était prompt à rendre service.

sans même attendre qu'on vînt le lui demander.

— Cher papa, lui dit-elle en pressant sa main dans les siennes, aie pitié de cette noble dame. Le jour où mon pigeon vint s'abattre tout effrayé dans le pavillon du jardin, poursuivi peut-être par un oiseau de proie, maman me disait à son sujet : Nous ne devons jamais repousser les malheureux qui ont recours à nous, nous devons nous montrer pitoyables à toutes les souffrances. Ce qu'elle disait à propos d'un oiseau est sans doute applicable à nos semblables. Je t'en prie donc, papa, secours cette noble dame, défends-la contre la griffe des vautours.

Le baron embrassa sa fille au front.

— Oui, mon Agnès, lui répondit-il, avec l'aide de Dieu je secourrai madame. Mon silence n'était pas un refus, mais avant de promettre je voulais me rendre compte des moyens qui étaient en mon pouvoir. Je promets maintenant, parce que je sais que je pourrai tenir ma parole. Te voilà contente, j'espère.

Le baron fit asseoir la comtesse et sa fille Emma ; il s'informa avec beaucoup de détail des titres sur lesquels les deux voisins fondaient leurs prétentions, et quand il en eut une ample connaissance :

— Ne craignez rien, lui dit-il, vous êtes dans vos droits, à ce qu'il me paraît. Demain matin je partirai avec quelques-uns de mes gens pour tenter d'abord les moyens de conciliation. Vous demeurerez ici avec votre fille jusqu'à ce que je sois de retour, et j'espère que je ne tarderai pas à vous apporter de bonnes nouvelles.

On servit bientôt le souper. La baronne avait eu soin d'y ajouter quelque chose de plus qu'à l'ordinaire, afin de témoigner à la comtesse qu'elle se faisait fête de la recevoir chez elle. On prolongea le repas bien avant dans la nuit, car rien ne fait paraître les heures plus courtes qu'une bonne table et une conversation animée; et le lendemain matin, avant que personne fût debout dans le château, le baron monta à cheval avec une vingtaine de ses gens, et se mit en route pour le Tokenbourg.

Agnès eut une grande joie d'apprendre que la jeune Emma resterait quelques jours avec elle; elle la conduisit au jardin, elle lui fit voir ses fleurs, ses parures, ses colliers, puis enfin son pigeon et sa jolie cage en forme de pagode. Les deux jeunes filles furent bientôt deux bonnes amies, car elles trouvèrent l'une dans l'autre une aussi grande conformité de goûts, d'habitudes et d'éducation que d'âge.

Huit ou dix jours après, le baron Théobald était de retour.

— Bonne nouvelle, s'écria-t-il en entrant dans le salon, vos ennemis se sont désistés d'eux-mêmes de leurs prétentions. Je vous apporte leur renonciation en bonne forme. Au premier abord ils n'ont pas voulu m'entendre, j'avais beau leur prouver de cent façons leur injustice, l'absurdité de leurs prétentions, ils y persistaient avec entêtement. Mais quand je leur fis voir quelles allaient être les suites de leur obstination, quand je jetai surtout dans la conversation le mot de *guerre*, ils s'adoucirent peu à peu, et finirent par faire avec moi un arrangement qui devra vous satisfaire, car je l'ai fait comme pour moi-même Soyez donc sans inquiétude, madame, aucun étranger ne moissonnera malgré vous dans vos champs, et vos futaies ne tomberont que sous la hache de vos bûcherons.

La comtesse de Tokenbourg, transportée

de joie et de reconnaissance, remercia Théobald avec cet air pénétré qui ne s'exprime ni par des démonstrations excessives ni par un fleuve de paroles pompeuses. Elle lui dit simplement que, quant à elle, elle se sentait dans l'impossibilité, non-seulement d'exprimer dignement ce qu'elle lui devait, mais même de jamais lui rendre un service semblable. — Dieu seul, lui dit-elle, peut se charger de ma dette, et j'espère qu'il vous la payera en bénédictions nombreuses. Je ne cesserai pas de les implorer sur vous; j'espère que jamais votre veuve n'aura à demander la protection que je suis venue chercher ici; mais si Dieu l'appelait à cette épreuve, puisse-t-elle trouver un second baron de Falkenbourg !

Le lendemain la comtesse repartit pour son château. Agnès fut obligée de dire adieu à sa jeune amie, mais elle ne la laissa pas s'éloigner sans lui remettre un souvenir de son amitié. Emma avait souvent témoigné le désir d'avoir un pigeon aussi bien dressé que celui de sa jeune compagne, ce fut son pigeon chéri qu'Agnès la força d'accepter. Emma le refusa long-temps par un motif de délicatesse, elle ne voulait pas que sa visite coûtât à son amie un sacrifice si pénible; mais Agnès mit à faire accepter son cadeau autant de persévérance que l'on en mettait à le refuser; il fallut se résoudre et emporter le pigeon et sa cage.

— Comment as-tu pu te résoudre à te séparer de ton oiseau chéri, demanda la baronne à sa fille quand la comtesse fut partie, je croyais que tu y étais si fortement attachée?

— Oh! oui, maman, je l'aimais bien. J'aurais préféré lui donner à sa place mes boucles d'oreilles, mes colliers, mes bracelets; mais il m'a paru que donner ce dont on ne se soucie pas n'avait pas grand mérite, et que le prix d'un cadeau ne consiste pas dans sa valeur, mais dans le sentiment qui porte à donner. Or, en donnant l'animal que j'aimais le mieux au monde, j'ai cru qu'Emma ne douterait pas que c'était mon cœur qui me portait à lui offrir un souvenir et non un vain usage de politesse.

— Oh! que j'aime à t'entendre parler ainsi! dit la baronne en embrassant sa fille; oui, quoi que nous donnions, donnons-le de bon cœur. Vois ce qu'a fait ton père. Il était prêt à exposer même sa vie pour rendre service à la comtesse de Tokenbourg, veuve et malheureuse. C'est en aimant avec un désintéressement parfait que l'on se rend digne d'être aimé à son tour. Dieu te bénira, ma fille, il te rendra avec usure le bien que tu fais en suivant ta volonté ; ton présent retombera sur nous en bénédictions.

CHAPITRE III.

Le page.

La comtesse de Tokenbourg était depuis peu de jours rentrée dans son château, quand deux pèlerins demandèrent un soir l'hospitalité. Ils portaient, comme tous les pèlerins du monde, une longue robe brune, un chapeau à larges bords orné de coquilles, et un grand bâton. La comtesse ordonna qu'on les fît entrer dans une salle basse, elle leur fit servir à souper, leur envoya du vin de sa table, et quand elle eut elle-même pris son repas du soir, elle descendit près d'eux avec sa fille pour causer un instant de leurs voyages.

Les pèlerins lui firent une description détaillée de la Terre-Sainte, des lieux où les chrétiens de nos jours conservent encore des temples, et surtout de celui que l'on appelle *la chapelle du Saint-Tombeau*. Les domestiques du château, groupés autour d'eux, écoutaient dans un religieux silence, et témoignaient par leurs poses et l'expression de leur physionomie l'intérêt plus ou moins grand qu'ils prenaient à ce récit. Emma était cependant celui des auditeurs qui paraissait le plus touché. Des larmes roulaient dans ses yeux à la description de ces sites qu'avait parcourus le Sauveur; il lui semblait que l'on devrait se trouver sanctifié en les voyant, que le regard de Dieu devait y être plus particulièrement puissant.

— Oh! que j'aurais de joie, disait-elle à sa mère, de faire aussi ce saint pèlerinage! Si une femme pouvait tenter seule un si long voyage, je ferais vœu de l'accomplir. Il doit en résulter du bien pour l'âme.

— Ma chère Emma, lui répondit sa mère, il n'est pas besoin de faire le voyage de Palestine pour voir la Terre-Sainte. Celui qui lit avec attention et avec foi l'Évangile de notre Seigneur Jésus, parcourt avec autant de fruit

7

les lieux où il a vécu, que s'il se trouvait réellement transporté sur le lac de Génésaret ou au Calvaire, ou sur la colline des Oliviers. Lire le Nouveau Testament, qu'est-ce autre chose qu'accompagner le Sauveur dans ses courses fatigantes, par les chaleurs étouffantes du jour, assister à ses miracles, entendre ses discours pleins de force et de consolation, assister à ses souffrances et à sa mort? Celui qui garde précieusement dans son cœur les leçons et l'exemple du Seigneur, celui qui croit en lui et n'espère de salut que par sa mort, vit réellement dans la Terre-Sainte: la Terre-Sainte est partout où vit la foi.

Les deux pèlerins, après avoir satisfait la curiosité de leurs hôtes, s'informèrent à leur tour de ce qui se passait dans le pays, et demandèrent beaucoup de détails sur le château de Falkenbourg. Ils parlèrent avec de grands éloges du baron Théobald, témoignèrent l'admiration qu'ils avaient pour sa piété, et dirent que si sa demeure n'était pas si loin de leur route, et s'ils ne craignaient pas de trouver le baron absent, ils se feraient un véritable plaisir de se présenter chez lui pour apprendre à le connaître personnellement.

La comtesse les encouragea dans cette résolution, et leur dit qu'il était très-probable que le baron fût encore chez lui, car il y avait très-peu de temps qu'il était revenu d'une fameuse expédition contre les bandes de reîtres et de lansquenets dont il avait purgé le pays.

— Les détails que vous nous donnez nous décident tout-à-fait, dit le plus âgé des pèlerins. Nous nous faisons une fête de visiter ce château, et nous nous y rendrons demain de grand matin. Mais les chemins qui y conduisent nous sont entièrement inconnus. Oserions-nous vous prier d'ajouter à vos bontés celle de nous trouver un guide qui nous empêche de nous égarer dans ces forêts?

La comtesse promit qu'elle mettrait un de ses gens à leur disposition; elle les chargea de dire mille choses obligeantes de sa part au baron et à son épouse, et Emma leur recommanda surtout de ne pas manquer de saluer sa jeune amie de sa part, et de lui dire que le pigeon qu'elle lui avait donné se portait bien et faisait ses délices. Après avoir reçu des mains de l'intendant du château des vivres et une petite somme d'argent pour poursuivre leur voyage, les deux pèlerins allèrent se coucher en donnant à chacun leur bénédiction.

Le lendemain, au petit jour, le portier leur ouvrit le pont, et ils se mirent en route pour Falkenbourg, accompagnés d'un petit page de la comtesse qui avait ordre de leur montrer le chemin. Cet enfant était Italien de naissance, son nom était Léonardo ; mais il vivait depuis si long-temps dans le château et dans la famille de Tokenbourg, que l'on avait presque oublié son origine. Il parlait l'allemand comme sa langue maternelle, il avait même changé son nom contre celui de *Hans* : ses habitudes étaient celles de ses maîtres, il n'avait rien conservé de sa nation, qu'un esprit plus délié, plus pénétrant peut-être que celui des Allemands de pure race. Le comte de Tokenbourg l'avait recueilli dans les guerres du Milanais, et l'avait élevé par pitié. On ignorait s'il avait des parens, à quelle classe ils appartenaient ; cet enfant était un vrai mystère.

Les deux pèlerins firent peu d'attention à lui à cause de son jeune âge, ils le laissèrent cheminer aussi près d'eux qu'il le voulait, sans prendre garde que le petit bonhomme, sous un air apparent d'indifférence, prêtait à leurs discours une attention toute particulière. D'abord il ne les écouta que par curiosité : des gens qui disaient venir de si loin ont toujours quelque chose d'extraordinaire pour un enfant qui n'a jamais perdu de vue les tours du château où il a été élevé. Mais sa curiosité redoubla quand il les entendit parler italien à voix basse. Il avait si peu d'occasion de rencontrer des gens qui sussent cette langue, que c'était comme une nouveauté pour lui d'en entendre les harmonieuses syllabes ; peut-être ces sons si doux rappelaient-ils au pauvre enfant la voix d'une mère, les joies de sa première enfance, ces premières années de bonheur que nulle tache ne ternit jamais dans nos souvenirs.

Cette fois-ci cependant sa curiosité avait d'autres motifs. Il crut comprendre, par les discours des deux pèlerins, que leurs habits étaient d'emprunt, et qu'ils faisaient partie de la bande des lansquenets que le baron Théobald avait exterminée. Leur projet était de s'introduire, sous le voile de la piété, dans le château de Falkenbourg, d'y demander l'hospitalité pour une nuit, et d'assassiner le baron et sa famille après avoir mis le feu à sa demeure.

Déjà l'on commençait à apercevoir dans le lointain les hautes girouettes des tours du château; la bannière seigneuriale, arborée à la plus haute tourelle du donjon, flottait mollement dans les airs, et dominait les arbres de la plaine; le soleil étincelait sur le fer de sa lance et frappait au loin les regards.

— Tiens, dit le plus âgé des deux bandits à son compagnon de crimes, voilà le nid de ce Satan qui a exterminé nos amis. Demain à cette heure j'espère qu'il aura expié dans les plus affreuses tortures son triomphe d'un moment, et que son château ne sera plus qu'un amas de ruines où se liront en gros caractères de feu notre vengeance et notre nom.

— Il faut avouer, répliqua l'autre brigand, que nous hasardons terriblement notre tête. La moindre imprudence pourrait nous faire payer bien cher notre témérité. Cependant l'affaire vaut la peine qu'on risque quelque chose. J'ai grand désir de venger mes camarades, mais j'ai plus grande envie encore de palper les trésors du baron.

— C'est sa mort qu'il me faut avant tout, répliqua avec rage le plus âgé, qui se nommait Lupo ; oui, je veux le torturer comme ne le fut jamais aucun homme. Quand il aura payé la dette du sang, je m'occuperai de ses richesses. Il en a assez pour nous contenter tous les deux ; si tu m'en crois, nous profiterons de cette aubaine pour quitter le métier et devenir honnêtes gens. Nous choisirons parmi les vêtemens du baron ce qu'il y aura de mieux. Tu prendras sa cuirasse et son collier d'or ; moi, son manteau de velours et sa ceinture, et nous nous enfuirons en Lombardie, où personne ne nous connaît. Nous mènerons la vie de grands seigneurs ; et si nos trésors ne durent pas assez longtemps..... mais bast !..... nous aviserons à cela quand nous y serons.

— Oui, répondit l'autre, le tout est de réussir maintenant, et je crains.....

— Que crains-tu ? Nos mesures ne sont-elles pas parfaitement prises ? Ne sais-tu pas que nos compagnons sont là pour nous prêter main-forte dès qu'ils verront une lumière paraître et disparaître trois fois à la fenêtre de la salle basse où l'on loge ordinairement les pèlerins ? Ne sais-tu pas que nous avons une clef de la poterne qui conduit au jardin du château, que nous les introduirons à petit bruit par cette entrée, et que l'un d'eux connaît l'intérieur des bâtimens et la disposition des chambres comme tu connais ta poche? Crois-tu que neuf hommes de notre espèce n'auront pas bientôt soumis une quinzaine de domestiques endormis? Pour moi, je ne crains qu'une chose, c'est la poltronnerie et les scrupules. Celui qui est déterminé à tout écraser, à tout fouler aux pieds pour arriver à son but, y arrive.

Un frisson de terreur s'empara du petit page à l'ouïe de ces terribles paroles. Il eut cependant assez de force sur lui-même pour dissimuler son émotion : il se mit à siffler et à cueillir des fleurs comme si la langue que parlaient les pèlerins lui était inconnue ; mais dans le fond de son cœur il priait Dieu de faire avorter les desseins coupables des deux brigands. Il résolut aussi d'aller avec eux jusqu'à Falkenbourg, et de découvrir au baron tout ce qu'il savait de l'odieux complot tramé contre lui.

Le sentier que suivaient les pèlerins n'était point une route habituellement fréquentée, il n'y avait que les gens du pays qui s'y hasardaient, parce que, circulant dans les forêts et côtoyant souvent des passages dangereux, un étranger aurait pu se perdre ou tomber dans les abîmes. Mais il était suivi de préférence par les indigènes, parce qu'il abrégeait de plusieurs lieues le chemin de Tokenbourg, et qu'il présentait durant les chaleurs un abri continuel contre les rayons dévorans du soleil. Dans un de ces passages dangereux dont je viens de parler, un des pèlerins glissa sur le bord du sentier et tomba assez lourdement sur des buissons qui l'empêchèrent de rouler dans le torrent qui coulait au-dessous d'eux. Sa robe, accrochée par des épines, se déchira à la hauteur de la hanche, et laissa voir un corselet d'acier bruni, et un long poignard suspendu à sa ceinture. Le bandit se releva avec la rapidité de l'éclair, mais l'œil du page avait été plus rapide que lui. Il s'en douta, car il attacha long-temps sur lui ses regards pénétrans, cherchant à démêler dans ses traits quelque indice de ce qui se passait dans son âme ; mais l'enfant resta maître de sa physionomie et demeura impénétrable. Ils arrivèrent enfin au pas le plus périlleux du sentier. C'était le passage de ce même torrent qu'ils avaient côtoyé, et qui, dans l'endroit où il fallait le traverser, coulait à une profondeur inimaginable, entre des rocs où le jour avait peine à pénétrer. On avait jeté par-dessus cet abîme un gros sapin grossièrement taillé; les deux bouts étaient fixés dans le roc au moyen de coins de bois, et ce pont dangereux, où il était difficile de poser deux pieds à côté l'un de l'autre, n'avait ni garde-fou ni parapet.

Celui des bandits que nous avons désigné sous le nom de Lupo dit à son compagnon en langue italienne.

— Dis donc, Orso, l'enfant ne se serait-il pas aperçu que je porte des armes? J'ai envie, pour plus de sûreté, de le lancer là-bas quand il passera sur le pont; qu'en dis-tu?

Cette fois-ci un frisson de terreur parcourut tous les membres du page, il n'eut plus la force de dissimuler.

— Ce pont me fait peur, dit-il aux pèlerins, j'ai déjà le vertige rien qu'à le regarder.

— Ne crains pas, petit, lui dit Lupo; je vais te porter sur mes épaules pour qu'il ne t'arrive aucun mal.

— Non, non, nous tomberions tous les

deux ensemble, et quand même nous passerions heureusement, comment reviendrais-je sur mes pas? Laissez-moi retourner vers ma maîtresse ; vous n'avez plus besoin de guide maintenant? Falkenbourg est à peine à un quart d'heure d'ici.

Orso, le plus jeune des bandits, croyant que la frayeur était le seul motif de l'effroi que témoignait le page, tâcha de détourner son compagnon du meurtre qu'il méditait.

— Je te donne ma parole, lui disait-il en italien, que cet enfant n'a rien pu voir de tes armes ni de ta cuirasse ; tu t'es relevé avec tant de rapidité, que si je n'avais pas su ce qu'il en était, je n'aurais rien aperçu ; et quand il se douterait de quelque chose, qu'importe après tout? Il ne comprend pas l'italien, il ne sait par conséquent pas un mot de nos projets. S'il cause en revenant vers sa maîtresse, qui fera attention à son bavardage? Laisse-le aller, sa mort est inutile.

— Je crois que tu me fais faire une sottise ; mais n'importe, je t'accorde cela, ne fût-ce que pour te prouver que je ne répands pas le sang par plaisir ; cependant, pour plus de sûreté, nous allons rompre le pont quand nous l'aurons passé. Il faut remonter ou descendre le torrent pendant plus de trois lieues avant de trouver un nouveau passage. Quand bien même cet enfant donnerait connaissance de nos projets, ils seront accomplis avant qu'on ait eu le temps de s'y opposer.

Les deux faux pèlerins relevèrent leurs robes jusqu'aux genoux, et traversèrent le torrent, sans même dire adieu au page, sans même le remercier de sa complaisance. Arrivés sur l'autre rive, Lupo lui cria cependant en allemand :

— Tu avais raison, mon enfant, ce sapin est bien dangereux, je l'ai senti craquer sous mes pas. L'humidité l'a à moitié pourri, je crains qu'il ne rompe sous les pieds du premier venu. Afin d'éviter un pareil malheur, je vais le jeter dans le gouffre ; tu prieras ta maîtresse de notre part d'envoyer ses bûcherons le remplacer par un arbre nouveau.

Ils se mirent effectivement en devoir d'exécuter leur dessein. Armés de longues perches, ils soulevèrent le bout de l'arbre qui s'appuyait sur le rocher où ils étaient, et le faisant tourner trois ou quatre fois sur lui-même, ils le précipitèrent enfin dans le torrent. L'eau, subitement arrêtée dans son cours, réunit toutes ses forces contre cet obstacle ; mais ne pouvant parvenir à le rompre elle continua sa course en sautant par dessus et en formant une nouvelle cascade d'écume.

Dès que les deux bandits eurent disparu derrière les bois et les rochers où s'enfonçait leur sentier, le page prit sa course vers le château de Tokenbourg, impatient d'apprendre à sa maîtresse les affreux projets dont la Providence lui avait révélé le secret. Jamais il ne s'était senti tant d'ardeur et tant de force. Semblable à un faon épouvanté, il traversait les broussailles et les haliers sans prendre garde aux épines qui déchiraient ses mains et ses vêtemens ; le désir de sauver le bienfaiteur de sa maîtresse lui donnait des ailes ; il ne courait pas, il volait.

CHAPITRE IV.

Le message.

Tandis que les deux bandits complotaient la perte du baron de Falkenbourg, la comtesse de Tokenbourg et sa fille avaient passé le jour à causer entre elles du récit des deux pèlerins. Emma ne se lassait point d'interroger sa mère sur le but des pèlerinages, sur leur mérite, sur la manière de les accomplir ; elles avaient cherché ensemble dans la Bible si l'Ancien ou le Nouveau Testament prescrivait des pratiques de ce genre, si l'on en trouvait des exemples ; on voyait, en un mot, que l'imagination de la jeune fille avait été frappée et qu'elle cherchait à s'éclairer à ce sujet. Dès que le soleil commença à perdre de sa chaleur et que le vent du soir vint rafraîchir l'air, la mère et la fille descendirent ensemble dans la plaine pour faire la visite de leurs champs. C'était la saison où les blés commencent à courber la tête, et où les céréales d'automne commencent à sortir de terre. L'aspect des campagnes était magnifique. Les paysans, réjouis par l'approche de la moisson et par la belle apparence des récoltes, faisaient entendre au loin leurs chansons; la nature respirait l'abondance et le bonheur, et ce bonheur, auquel la comtesse s'associait de toute son âme, était encore plus vif pour elle quand elle songeait que peu s'en était fallu que ces terres si riches ne lui eussent été enlevées par ses voisins. Elle avait donc un double motif de remercier Dieu, et de dire avec le psalmiste : Que rendrai-je à l'Éternel ? tous ses bienfaits sont sur moi.

Comme elle remontait doucement la colline, le page qui avait servi de guide aux pèlerins, arriva baigné de sueur et hors d'haleine.

— Madame, madame, s'écria-t-il du plus loin qu'il put se faire entendre, quelle affreuse chose j'ai à vous apprendre! les deux pèlerins que vous avez hébergés la nuit passée sont deux brigands. Ils ne se rendent à Falkenbourg que dans l'intention de tuer le baron Théobald, et de brûler son château. J'ai entendu....

Mais les forces manquèrent au pauvre enfant pour en dire davantage. Il se laissa glisser à terre au pied d'un prunier contre lequel il s'était appuyé, et tomba dans une espèce d'évanouissement qui dura plus d'un quart d'heure.

La comtesse et sa fille, effrayées des nouvelles que leur apportait le page, n'osaient cependant y ajouter complétement foi avant de savoir qui avait pu découvrir à un enfant un pareil complot.

Cependant, comme il était probable qu'il ne pourrait s'expliquer de quelque temps, et que, dans le cas où ses informations présenteraient un caractère de vérité et de certitude, il pouvait être utile d'avoir sous la main des gens tout prêts à voler au secours de Falkenbourg, la comtesse pria sa fille de retourner en hâte au château.

— Cours, lui dit-elle, assemble tous nos gens, ordonne-leur de ma part de s'armer, de seller tout les chevaux qu'ils pourront se procurer, et d'être prêts à partir dès que je leur en donnerai l'ordre. Je vais rester ici près de cet enfant, afin de l'interroger dès qu'il sera revenu à lui.

Emma, aiguillonnée par l'amitié et le désir

de faire du bien, retourna en courant au château, et appela à grands cris tous les domestiques de sa mère. Ils s'assemblèrent dans la cour ; elle leur fit part des périls qui menaçaient Falkenbourg, et leur expliqua les intentions de la comtesse. Obéissans et zélés, les serviteurs se répandirent dans le château pour faire leurs préparatifs ; ils s'armèrent de leurs piques et de leurs cuirasses, tout en maudissant les deux pèlerins et en priant Dieu de faire que leur crime retombât sur eux.

Au bout d'une demi-heure, la comtesse parut elle-même avec son page qu'elle soutenait par le bras.

— A cheval, s'écria-t-elle ; ne perdez pas une minute, allez, courez, sauvez Falkenbourg, le danger est réel. Cent écus à chacun de vous si vous arrivez à temps.

— Hélas! madame, nous ne demanderions pas mieux, répondit en s'avançant le vieux écuyer du feu comte de Tokenbourg, mais les deux coquins ont une avance trop considérable sur nous. Ils sont à Falkenbourg à l'heure qu'il est, la nuit va se faire dans deux heures, et nous avons quinze lieues à parcourir. Les chemins sont mauvais et défoncés, comment nous en tirerions-nous de nuit quand il faut toute l'attention et toute la prudence du monde pour les parcourir de jour? Le cavalier le mieux monté n'arriverait pas avant l'aurore de demain. Vous connaissez d'ailleurs l'état de notre écurie. Depuis la mort de M. le comte on a vendu ses chevaux de bataille, il ne vous reste que les attelages de labour, et jamais on ne parviendrait à leur faire faire la moitié seulement du trajet. Je ne connais pas dans tout le voisinage un seul cheval de selle sur lequel on puisse compter. Il me paraît impossible de secourir Falkenbourg.

— Il le faut cependant, s'écria la comtesse au désespoir; oh! mon Dieu, si les moyens nous manquent, prenez pitié vous-même de ce noble seigneur qui a eu lui-même pitié de moi. Rendez-lui le bien qu'il m'a fait, sauvez-le, protégez-le. Mais, ajouta-t-elle en s'adressant de nouveau à ses gens, s'il est absolument impossible d'aller à Falkenbourg à cheval, l'un de vous ne pourrait-il pas y aller à pied? Le sentier de la forêt abrège de quatre ou cinq lieues; vous le connaissez tous, qui de vous est le plus leste? C'est bien moins des secours qu'il importe d'envoyer au baron qu'un avertissement, un seul mot qui le mette sur ses gardes. Voyons, toi, Martin, qui es jeune et vif, combien te faudrait-il de temps pour faire le trajet ?

— En plein jour, madame, je me ferais fort d'aller en quatre heures à Falkenbourg, mais de nuit je ne me hasarderais pour rien au monde dans le sentier de la forêt. Vous savez qu'il cotoie presque continuellement le torrent, qu'il est bordé de précipices affreux, le moindre faux pas suffirait pour s'y précipiter.

— Sans compter, ajouta le page, que les deux brigands ont rompu le seul pont qui liait les deux rives, et que pour traverser maintenant le torrent il faudrait avoir des ailes.

— Des ailes, répéta Emma avec vivacité ; Dieu soit béni, je sais maintenant comment envoyer un message à Falkenbourg. Je me rappelle que la baronne, en me donnant le pigeon de sa fille Agnès, m'a recommandé de le tenir enfermé pendant quelques semaines jusqu'à ce qu'il se fût habitué à moi. Si loin qu'il fût, me dit-elle, si vous lui rendiez à présent la liberté, il retrouverait le chemin de notre château. Pourquoi n'essayerions-nous pas ce moyen? il ne peut y en avoir de plus prompt.

— Dieu soit loué, s'écria la comtesse, il exauce nos prières; cette idée vient de lui, chère Emma, quel bon ange t'a inspiré?

Emma courut chercher la cage de son oiseau, pendant que sa mère écrivait à la hâte un petit billet. On le cousit solidement dans un ruban de soie dont on fit un collier au pigeon, puis Emma lui rendit la liberté. Il vola d'abord indécis, tantôt d'un côté, tantôt de l'autre, se perchant sur tous les arbres, et faisant des efforts pour se débarrasser du ruban qui le gênait; mais bientôt, à la joie de tous les domestiques qui étaient restés en cercle autour de leur maîtresse, on le vit s'élever dans les airs, et se diriger à tire-d'ailes dans la direction de Falkenbourg. Que de vœux, que de prières, accompagnèrent sa course! jamais navire chargé d'or et de pierreries ne fut suivi par ses armateurs avec plus d'anxiété.

La comtesse ordonna à deux de ses gens de monter sur le sommet de la tour la plus haute du château et d'y faire attentivement le guet. Elle leur recommanda de l'éveiller sur-le-champ s'ils apercevaient la moindre lueur de feu du côté de Falkenbourg, car elle n'était pas parfaitement rassurée encore sur la réussite de son message. Le pigeon ne pouvait-il pas être tué en route par un chasseur ou par un oiseau de proie, ne pouvait-il pas s'arrêter sur un arbre de la forêt, et y passer la nuit? il pouvait se tromper de route, ne pas être aperçu à Falkenbourg même; que de chances malheureuses ne restait-il pas encore! Mais si la prudence commande de peser le pour et le contre des choses, si la prévoyance ordonne de mettre de son côté tous les élémens du succès, la confiance en Dieu nous presse, d'autre part, de ne plus nous tourmenter vainement dès que nous avons fait tout ce qui dépendait de nous. Car, qu'est-ce que la prévoyance de l'homme devant la providence de Dieu? Que reste-t-il à faire au chrétien quand il a fait une entreprise, si ce n'est de dire : Grand Dieu! dont la vue immense embrasse d'un regard l'univers, je remets mes projets en votre main afin que vous les bénissiez, si tel est votre bon plaisir. J'ai semé, Seigneur, mais c'est vous seul qui faites croître; j'ai formé un projet, mais vous seul pouvez le faire réussir.

Manifestez donc votre volonté, et donnez-moi de m'y soumettre.

Ainsi prièrent la comtesse et sa fille, et Dieu les entendit.

CHAPITRE V.

Dénoûment.

Pendant que ces choses se passaient à Tokenbourg, le baron Théobald, son épouse et sa fille Agnès étaient tranquillement à table dans la haute salle à manger de leur château, et causaient en famille de l'emploi qu'ils avaient fait de leur journée, des malheureux qu'ils avaient secourus, de leurs projets pour le lendemain. Un domestique vint annoncer que deux pèlerins demandaient l'hospitalité. Le baron ordonna qu'on la leur accordât.

— Faites-les souper, dit-il, donnez-leur à chacun une bouteille de vin, vous me les amènerez ensuite, je serai bien aise de savoir ce qu'ils ont vu dans leurs voyages.

Cet incident, si ordinaire dans la vie des seigneurs d'alors, n'interrompit ni le repas ni la conversation. Le dessert, composé de confitures et de fruits, venait d'être mis sur la table ; Agnès s'occupait à laver la vaisselle du repas, car les dames d'alors, bien mieux élevées que celles de nos jours, s'occupaient des détails de la maison, non pas seulement pour les surveiller, mais elles faisaient une foule de choses que l'on abandonne maintenant aux soins des domestiques. Ainsi, par exemple, la vaisselle ne descendait jamais dans les cuisines, la dame de la maison ou sa fille se réservait seule le soin de la soigner ; il en était de même des porcelaines et de tous ces petits ustensiles délicats et précieux qu'une main inattentive ou insouciante peut si facilement briser.

— Maman, maman, s'écria tout à coup Agnès, voyez donc derrière la vitre de la fenêtre, n'est-ce pas ma colombe que je vois ! Et elle s'avança, le corps penché en avant, les mains jointes, partagée entre la joie et le doute, entre la surprise et un certain sentiment de crainte indéfinissable.

C'était bien effectivement la colombe. Elle voletait contre la croisée, la frappant de ses ailes et de son bec comme pour prier qu'on la lui ouvrît. Agnès la fit entrer, et le pauvre oiseau, fatigué de sa longue course, vint se percher sur son épaule et lui becqueter le cou.

— Mais tu ne vois donc pas, dit la baronne à sa fille, le joli collier rouge dont on lui a orné le cou? je crois même qu'on y a cousu un billet; l'aventure est étrange; voyons, serait-ce une invitation de ton amie du Tokenbourg?

— Non, dit Agnès, le billet est adressé à papa; il y a sur l'adresse : *Très-pressé*.

— Oh! oh! dit le baron, serait-ce quelque nouvelle noise entre la comtesse et ses voisins? Par ma foi, si les trompeurs ont violé leur parole, le soleil de demain ne se lèvera pas avant que ma bonne bannière ne flotte sous leurs châteaux.

Il déroula le papier, lut quelques lignes à voix basse, et frappant tout à coup la table d'un grand coup de poing :

— Grand Dieu! s'écria-t-il, qui aurait pu le croire?

— Quoi donc? demandèrent la comtesse et sa fille.

— Écoutez, répondit le baron, voici ce que me mande madame de Tokenbourg :

« — Deux pèlerins ont dû vous demander ce soir l'hospitalité ; méfiez-vous-en, ce sont deux brigands échappés des bandes de reîtres et de lansquenets que vous avez exterminées. Le plus vieux s'appelle Lupo, son compagnon se nomme Orso. Ils portent sous leur robe des poignards et une armure. Leur projet est de vous assassiner cette nuit, vous et votre famille, de piller votre château et d'y mettre ensuite le feu. Ils se proposent de fuir du pays avec vos vêtemens et vos ornemens de chevalerie. Sept de leurs complices doivent attendre dans les bois que le moment d'approcher leur soit désigné par une lumière mise et retirée trois fois de la fenêtre de la salle basse. Soyez sur vos gardes ; surveillez vos gens, on s'est procuré une clef de la poterne du jardin. Puisse cet avis arriver à temps ! Votre reconnaissante amie,

« La comtesse de Tokenbourg. »

— Grand Dieu, s'écria la baronne en levant ses mains au ciel, que tes voies sont merveilleuses ! Cette colombe est pour nous ce que fut la colombe de l'arche. Oh! puissions-nous, comme les habitans de l'arche, aussi te louer, t'adorer, te demeurer fidèles!

— Amen, répondit le baron en joignant les mains. Maintenant profitons des avertissemens de la Providence. Vous, mesdames, retirez-vous dans votre appartement, moi je vais mettre ma cuirasse et ordonner à mes gens de se préparer à petit bruit.

Il était dix heures environ quand les deux pèlerins furent amenés devant le baron. Ils s'approchèrent d'un air dévot, en faisant force courbettes, en lui donnant mille bénédictions. Lupo, qui portait toujours la parole, présenta les civilités dont la comtesse de Tokenbourg l'avait chargé.

— Nous avons quitté ce matin son château, dit-il; ce qu'elle nous a dit de votre bravoure, de votre piété, nous a donné le désir de faire votre connaissance. Elle nous a assuré que vous nous recevriez avec plaisir, et nous avons déjà pu nous apercevoir, aux égards que vos gens nous ont témoignés, qu'un esprit de bienveillance anime tout ce qui vous entoure.

— Ah! vous avez vu cela, mes frères,

j'en suis fort aise. Croyez-vous cependant que ces serviteurs si doux, qui vous ont fait si bon accueil, sont dans l'occasion de vrais diables déchaînés ? Les lansquenets vous en diraient des nouvelles. Connaissez-vous les lansquenets ?

— Qui n'a entendu parler de leurs brigandages ?

— Vous disiez donc, mes frères, que vous êtes.....

— De pauvres pèlerins qui reviennent de la Terre Sainte.

— Bah ! dit le baron d'un air incrédule.

— Et nous retournons en Turinge où nous sommes nés.

— Et vous vous nommez ?

— Je m'appelle Herman, dit Lupo ; mon compagnon se nomme Burkhard.

— Eh bien, frère Herman, frère Burkhard, je suis charmé de faire connaissance avec vous, dit le baron en se levant ; tenez, j'ai idée que nous nous souviendrons long-temps tous trois de cette entrevue. Savez-vous que vous avez l'air de bons vivans, et je m'étonne qu'avec des épaules comme celles-là vous endossiez le froc plutôt que l'armure.

En prononçant ces mots, le baron frappa de sa main armée d'un gantelet l'épaule de Lupo, et fit rendre un son sourd au corselet d'acier dont le brigand était armé.

— Une chose qui m'étonne en vous, reprit le baron toujours sur le même ton et sans paraître rien soupçonner de la vérité, c'est de voir des gens de votre mérite sans chapelets ni rosaires. La mode serait-elle de les porter sous plutôt que sur la robe? mais ceci est peu de chose. Ne boiriez-vous pas un verre de vin avec moi? messire Lupo. Non, je me trompe....... vous vous appelez Herman.... n'est-ce pas, c'est bien là votre nom?

Le brigand ne répondit rien. Presque sûr d'être découvert, mais incapable de trembler, bien qu'il y allât de sa vie, il n'avait plus qu'un projet, qu'une idée, celle de tuer le comte et de s'échapper; ses regards s'étaient déjà tournés plusieurs fois du côté de la porte, mais le baron qui s'en était aperçu s'était mis précisément entre lui et la porte.

— N'est-ce pas, reprit le baron d'un ton où perçait déjà en plein l'ironie et le mépris, n'est-ce pas, mes frères, vous êtes de pauvres pèlerins bien pieux, bien inoffensifs; vous seriez incapables, vous, de vous introduire dans un noble château sous couleur de religion pour y piller et assassiner les maîtres? N'est-ce pas, ils vous calomnient ceux qui disent que le capitaine Lupo et son lieutenant Orso sont cachés sous vos robes? C'est un misérable temps, mes frères, que celui où deux pauvres voyageurs sont exposés à de si cruelles médisances, sans avoir jamais rien fait pour les mériter. Aussi, de crainte que ceux qui salissent votre réputation n'attentent à votre vie, j'ai résolu de vous loger dans le lieu le plus sûr de mon château et de vous donner bonne escorte.

A ces mots le baron ouvrit la porte de la chambre, dix hommes armés entrèrent et se saisirent des deux bandits auxquels la surprise ôtait les forces; ils les dépouillèrent de leurs robes, leur arrachèrent leurs armes, et les laissèrent honteux et confondus au milieu de l'appartement.

— Présentement, capitaine Lupo, dit le baron d'un ton grave, vous êtes bien persuadé, je pense, qu'il est inutile de jouer au fin avec moi. Je suis fâché de ne pouvoir vous donner mon manteau de velours et ma ceinture, comme vous en avez exprimé le désir, mais dans le lieu où vous allez, ces vêtemens ne vous serviraient de rien pour vous parer, et je les trouve trop beaux pour vous servir de suaire. Une couche de chaux vive conviendra mieux. Adieu donc, messieurs, tâchez de faire votre paix avec Dieu, et rappelez-vous que le méchant fait une œuvre qui le trompe.

Le baron fit signe aux gardes d'emmener les deux brigands. Ils les conduisirent en silence à travers les détours du château, dans un lieu d'où s'échappait un air humide fortement imprégné d'une odeur de moisissure. A la lueur de deux torches de poix, Lupo aperçut à quelques pieds derrière lui la bouche béante d'une oubliette. Un frisson de terreur parcourut tout son corps, la mort ne s'était jamais présentée à lui sous cet aspect; on lui passa une corde sous les bras, puis il se sentit enlever et descendre dans un étroit tuyau de maçonnerie dont il pouvait toucher les deux côtés. Le bruit d'une poulie qui grinçait au-dessus de sa tête, en dévidant la corde qui le soutenait, fut le seul bruit qui l'accompagna dans ce terrible lieu. Ses pieds touchèrent bientôt à terre, il sentit le sol gluer sous ses pas, et quand il voulut y poser les mains il rencontra un corps froid et visqueux qui soudain s'anima sous ses doigts, c'était un crapaud. Peu de momens après, la poulie recommença à grincer, et Orso rejoignit son camarade. On leur jeta dessus les deux cordes qui avaient servi à les descendre, et dès cet instant le silence de la tombe commença pour eux.

— Il faut que le diable s'en mêle, s'écria Lupo en blasphémant ; je n'ai pas perdu de vue une seule minute le pont du château depuis que nous y sommes entrés, je suis sûr qu'il n'y est pas venu un seul étranger ; d'où donc ce damné baron a-t-il pu apprendre nos projets ? Bien certainement il a fait un pacte avec le diable, Satan seul peut nous avoir trahi.

Orso, bien loin d'imiter les imprécations et les blasphèmes de son compagnon de crime, s'était assis dans un coin de l'oubliette sur sa corde qu'il avait mise en peleton. Il pleurait, il se lamentait.

— Oh! disait-il à Lupo, pourquoi ai-je prêté l'oreille à tes séductions ? Tu me faisais entrevoir une vie de plaisirs et de richesses ; vois où tu m'as réduit, quelle horrible mort nous attend tous deux! Quand je te disais que ce que nous allions faire était un crime, tu te moquais de moi, tu me parlais de noble vengeance, de légitimes représailles; quand je te parlais d'un Dieu qui punit le méchant dans l'autre vie et souvent même dans celle-ci, tu me raillais, tu traitais mes croyances de bavardages de vieilles femmes. Cependant une voix criait au dedans de moi : « Ne l'écoute pas, il te perd, malheureux!! » J'ai méprisé ma conscience; à quoi me servent maintenant les richesses que nous avons déjà acquises par le pillage, l'or que nous avons enfoui dans la forêt me tirera-t-il d'ici? Si je m'étais livré au travail même le plus pénible, si j'avais été bûcheron, charbonnier, ne serais-je pas plus heureux à cette heure? Mais voici, la main du grand juge m'a saisi, il va couper le fil d'une vie que j'ai passée dans le vice, et il me faudra monter devant lui noir de fautes et de crimes. La mort a déjà commencé pour nous. Oh! si Dieu me faisait seulement la grâce de me donner encore quelques années, si du moins je pouvais dire à tous ceux que mon exemple a fait tomber : Voyez où j'en suis réduit; mais non, la mort est là, plus de moyen de lui échapper! ce lieu sera notre tombeau, nous l'avons mérité.

Je ne suivrai pas les phases de la lente agonie des deux brigands. Ces scènes de désespoir, de lutte, ces angoisses cruelles causées par la faim et par la soif formeraient des tableaux trop pénibles pour que je veuille en accabler mes lecteurs. Laissons deux malheureux expier par onze jours de tortures, les crimes de trente ans d'existence, et espérons qu'à leur suprême soupir Dieu daignera les toucher de sa grâce.

Dès le lendemain le baron Théobald et sa famille partirent pour le château de Tokenbourg. Ils ne voulurent laisser à personne qu'à eux-mêmes le plaisir de remercier leur libératrice. Cet incident unit les deux familles d'une amitié qui fut d'autant plus durable qu'elle était cimentée par une conformité de sentimens religieux. Un service annuel fut établi pour célébrer en commun cet heureux événement, et l'empereur, à la demande du baron Théobald, permit à la comtesse de Falkenbourg d'ajouter une colombe à ses armoiries. Le page Léonardo entra au service du baron en qualité d'écuyer, et le pigeon, instrument docile, quoique aveugle de tant de bénédictions, fut rendu à Emma, qui le conserva jusqu'à sa mort.

Le Missionnaire.

ADRIEN.

CHAPITRE PREMIER.

Une lettre.

Il était six heures du matin. Adrien venait de se lever. A demi vêtu, la tête lourde, les yeux fatigués, il était assis sur le pied de son lit, les bras pendans, tenant en main une lettre froissée qu'il venait de lire pour la dixième fois peut-être. Son air pensif et sa respiration entrecoupée de soupirs annonçaient qu'une inquiétude rongeante pesait sur son cœur, et cependant Adrien n'avait que seize ans. C'est ordinairement l'âge de l'insouciance et de la gaieté, l'âge où tout est jouissance et sujet de joie. A seize ans la vie semble encore fleurie et riante, l'égoïsme du monde ne nous a pas ou peu touchés; l'expérience et ses déceptions ne font que de nous atteindre, il reste encore des illusions dans l'âme, on croit encore à la bonté des hommes, on avance d'un pas ferme et joyeux; et cependant Adrien n'avait que seize ans, et il était triste!

C'est que malheureusement pour lui il était du nombre de ces jeunes gens que le monde appelle de *bons enfans*, parce qu'ils n'ont ni vices ni vertus bien apparentes. C'était un de ces caractères irrésolus qui n'ont pas de volonté à eux, qui se laissent aller au mal comme au bien, suivant que les circonstances les poussent. Adrien avait le goût du bien, mais la moindre tentation suffisait pour le surmonter, une plaisanterie spécieuse ou non lui faisait perdre contenance, il sentait que le bonheur est dans la pratique du devoir, et il ne savait faire aucun effort pour s'y attacher invariablement. Un pareil caractère mène à tous les désordres, car il nous rend l'instrument aveugle de tous ceux qui ont l'adresse de prendre quelque ascendant sur nous. Enfant, si tu pouvais pénétrer dans les bagnes et dans les cachots, dans ces momens où leurs tristes habitans se font la naïve confession de leur vie, tu n'y trouverais guère que deux classes d'hommes; les vicieux proprement dits, c'est-à-dire ceux qui ont fait le mal par jouissance, sans remords et sans honte, et les méchans par imitation ou par entraînement. Ceux-ci ont tous commencé par être de *bons enfans*. C'est pour n'avoir pas voulu être autre chose que tu les verrais accouplés et confondus avec des meurtriers et des voleurs. Prends donc garde, petit ami; réfléchis bien qu'il n'y a point d'intermédiaire entre le bien et le mal; que celui qui ne fait pas l'un s'adonne à l'autre; et quand on dira de toi : *C'est un bon enfant*, tremble, car tu es sur une pente glissante et le pied peut te manquer au premier instant.

Tel était Adrien. Ses parens étaient pieux et chrétiens, comme sont les tiens; sa première éducation avait été dirigée selon la discipline de l'Évangile, comme est la tienne. On lui avait fait contracter de bonne heure des habitudes d'ordre et de vertu, et toute sa conduite jusqu'à l'age de quinze ans semblait prouver qu'il avait reçu dans son cœur les leçons de son père. Malheureusement il n'en était rien. Adrien n'avait que l'épiderme d'un chrétien, il ne ressemblait aux modèles qu'il avait sous les yeux qu'en apparence, les croyances que professait sa bouche n'avaient pas pris racine dans son âme. Était-il hypocrite? Oh! non; il était faible. Tant qu'il avait vécu avec des gens vertueux, il l'avait été aussi. peut-être même avait-il pris plaisir quelquefois à prier, à faire du bien, mais son cœur était resté étranger à ces jouissances: il avait pris cette habitude comme celle de se lever matin, sans y attacher plus d'importance, sans réfléchir que la vertu n'est pas un commandement d'homme, mais une loi de Dieu.

Il avait quinze ans quand son père crut utile de l'éloigner pour quelques années de la maison paternelle. Il pensait que la raison de son fils était désormais assez développée et sa conscience assez éclairée pour qu'il pût se diriger par lui-même dans les circonstances ordinaires de la vie. Il crut qu'il ne lui fallait plus qu'un surveillant en état de lui donner des conseils quand il en aurait besoin, et assez sage pour le reprendre s'il se laissait aller à des actions blâmables ou inconsidérées. Il lui avait donné à cet effet plusieurs lettres de recommandation pour des personnes dont il connaissait le caractère, et en qui il avait depuis longtems la plus grande confiance.

Mais à peine Adrien fut-il maître de ses actions, que le vertige de l'indépendance lui tourna la tête. Enivré d'orgueil parce qu'il pouvait dire : *je veux*, il se persuada qu'il était désormais assez sage pour se diriger seul, et qu'il y aurait bêtise de sa part d'aller chercher des censeurs quand les circonstances l'invitaient à être entièrement libre. Le premier usage qu'il fit de cette liberté fut de jeter au feu toutes les lettres que lui avait données son père.

Pendant les trois premiers mois de son séjour à Kornthal sa conduite fut cependant assez régulière. Le souvenir des instructions de son père, encore présent à sa mémoire, le garantit des premières séductions qui s'offrirent à lui. La voix de sa conscience, encore forte et intelligible, l'aida à éviter quelques pas dangereux, mais il se lassa bientôt d'écouter ce conseiller sévère, il chercha à l'endormir. Sous prétexte *d'apprendre à vivre*, de *devenir homme*, il voulut goûter de tout ce que le monde appelle plaisir et jouissance. Il chercha tous les prétextes possibles pour se cacher à lui-même la folie de ses désirs, il s'appliqua à colorer le mal sous ces phrases banales qu'une morale relâchée sait si facilement trouver. Ce sont des folies de jeunesse, disait-il, ne faut-il pas tout voir et tout connaître pour acquérir de l'expérience? Il faut que jeunesse se passe, la sagesse aura son temps.

D'abord il commença par fréquenter les cafés. Il fit connaissance avec quelques jeunes étourdis; il les entendit parler de choses dont le nom même lui était inconnu. On lui vanta les plaisirs du théâtre, et il y alla. Il vit là le vice paré de ses habits de fête, entouré d'illusions, le vice rendu aimable. Il entendit l'autorité paternelle spirituellement persifflée; la vertu traitée comme une niaiserie toujours dupe de la finesse; la séduction, l'impureté, colorée sous le nom de galanterie. Il s'abreuva à longs traits du poison de la scène, et voyant dans le monde les mêmes mœurs, les mêmes maximes, il se persuada que la morale, comme la lui enseignait son père, était une règle exceptionnelle à laquelle il est bon de plier l'enfant, mais que l'on abandonne en entrant dans le monde. Les fruits de ces idées perverties ne tardèrent pas à se manifester. Adrien voulut jouir de tout. Il se jeta, il se vautra dans les plaisirs tumultueux, il voulut y briller ; une soif inextinguible de jouissances s'alluma dans son âme, et dès lors les dissipations, les fêtes, les compagnies joyeuses, furent ses idoles chéries, l'unique objet de ses pensées, de ses recherches, de ses désirs.

Mais heureusement il puisait dans une citerne crevassée, heureusement le *plaisir*, cette idole du monde, ce grand mot d'ordre, pour l'homme éloigné de Dieu, le plaisir ne marche jamais sans le dégoût et le dégoût sans les regrets. Adrien ne tarda pas à en faire l'expérience. En voulant imiter dans leurs folies les jeunes gens qui l'avaient entraîné, il commença par dépasser de beaucoup les dépenses que lui permettait sa modique pension : il vendit peu à peu une partie de sa garde-robe, ses bijoux ; il emprunta, et se vit bientôt dans un labyrinthe de soucis et de besoins.

Tandis qu'il dépensait son dernier écu, et qu'il cherchait dans son imagination un expédient quelconque pour sortir de ce mauvais pas, son père, frappé depuis longtemps de la sécheresse de ses lettres, de leur rareté, de leur brièveté, et ne comprenant pas comment, depuis plus de dix mois que son fils était à Kornthal, les correspondans auxquels il l'avait adressé ne lui avaient pas écrit un mot qui lui fût relatif; son père, dis-je, commença à se douter de la vérité. Il écrivit directement au plus intime de ses amis, et lui confia ses inquiétudes, et il le pria de s'informer de la conduite d'Adrien sans que celui-ci pût s'en douter, et de lui transmettre tous les détails qui viendraient à sa connaissance, quels qu'ils fussent. La vérité fut bientôt connue; elle fut d'autant plus facile à apprendre, qu'Adrien ne connaissait pas même de vue ceux pour lesquels il avait reçu des lettres. Il ne se douta donc nullement que pendant une semaine entière il avait été suivi pas à pas, et que tous les lieux où il s'était rendu, les personnes qu'il y avait trouvées, quelques-uns même des propos qu'il avait tenus, avaient été mis en note et envoyés à son père.

Mais à l'époque toujours impatiemment attendue où il recevait son quartier de pension, au lieu du mandat accoutumé, il reçut la lettre suivante :

« Mon fils,

» Je sais maintenant que vous m'avez menti. Vos lettres, depuis près de sept mois, sont de longues impostures. Je connais vos désordres, j'ai le nom des mauvaises compagnies que vous fréquentez et l'état de vos dettes. Je suis même instruit de vos projets. Vous vous êtes mis en rébellion contre moi en brûlant les lettres que je vous avais confiées; vous avez secoué mon autorité pour y substituer la vôtre. Il ne peut plus rien y avoir de commun entre nous tant que vous demeurerez dans cet état. Vous savez qu'en fait de devoir je suis inflexible. Il n'y a donc pour vous auprès de moi qu'un seul moyen de réconciliation : un prompt aveu de vos torts et une obéissance aveugle à tout ce que je trouverai bon de vous ordonner.

» Votre père. »

CHAPITRE II.

Satan.

Alors Adrien comprit, en voyant les conséquences de sa conduite, que le méchant, le désobéissant, fait toujours une œuvre qui le trompe. Oh! si quelqu'un était venu lui offrir en cet instant d'effacer d'un geste les quelques mois d'enivrement qu'il venait de passer pour le replacer au milieu de la vie casanière de la maison paternelle, au sein de ces habitudes d'ordre et de piété qui lui paraissaient si ennuyeuses ; quand on lui aurait dit : Tu vas reprendre ta vie précédente, mais c'est pour ne la plus quitter; toutes tes fautes vont être effacées, mais tu reprendras le joug de ton père..... Avec quel empressement il aurait accepté! Comme il aurait fait bon marché de ces plaisirs dont il ne lui restait plus que le fiel, de son indépendance dont le poids l'écrasait! Mais les jours paisibles de sa jeunesse n'étaient plus que des souvenirs, il ne pouvait plus les recommencer ; il ne dépendait plus de lui de ressaisir la confiance de son père ; il avait désobéi, et désormais ce père n'était plus qu'un juge ; s'il reparaissait à sa table, c'était en coupable gracié.

Il y avait de quoi réfléchir, n'est-ce pas ?

Tandis qu'Adrien écoutait sans préoccupation les remords de sa conscience, et formait de bonnes résolutions pour l'avenir, quelqu'un monta précipitamment l'escalier et vint heurter à sa porte. Il ouvrit, c'était Georges, son compatriote, jeune fou de dix-huit ans, dont les conseils et l'exemple l'avaient entraîné dans la plupart de ses fautes. Il le reçut froidement, répondit à peine à ses questions, et, chose qui ne lui était pas ordinaire, refusa son invitation pour un souper qui devait avoir lieu le soir même.

— Je parierais que tu as eu une indigestion cette nuit, lui dit Georges en jetant une de ses jambes sur le bras du fauteuil où il était assis, et en allumant un cigarre ; j'ai remarqué hier soir qu'en revenant du faubourg tu avais l'air singulièrement appesanti par les omelettes sans nombre dont tu avais voracement chargé ton estomac. Tu

restais en arrière et ne répondais que par
des hoquets à nos joyeusetés. Mais aussi
tu m'avoueras que c'était être singulièrement
bûche et stupide que de se jeter sur de gros-
sières omelettes, quand dix minutes de patience auraient suffi pour nous procurer les
sorbetti, pezzi, tutti frutti et cœteri délicieux, dont doivent se nourrir des gens
comme il faut. Tu ne seras jamais épicurien.
Rappelle-toi, mon cher, le grand et inva-
riable aphorisme de la vie élégante : les
bêtes dévorent, l'homme seul mange.

Adrien ne répondit pas.

— Au reste, comme tu voudras, reprit
l'étourdi en lâchant par petites bouffées la
fumée de son cigarre entre chacune de ses
phrases. Si tu trouves ton plaisir à être seul,
à te curer les dents avec mystère quand je
te parle raison, tu es libre. Ma tolérance va
jusque-là. Garde ton silence diplomatique.
Mais il ne te portera pas bonheur. Tiens,
tu as déjà un certain air pâle et clair qui
sent terriblement le blanchâtre et l'étiole-
ment.

Adrien poussa un soupir.

— Oh ! que nous avons fait hier un délicieux déjeuner, reprit Georges sans prendre

garde à l'impatience de son ami ; c'est dommage que le beurre était fort et que vous étiez trop serrés. Je dis vous, car, en bon camarade, je m'afflige de vos peines. Pour moi, grâce à un petit accident, j'avais mes coudées franches. Je m'étais maladroitement emmiellé la main droite, et ma main avait emmiellé tous les ustensiles dont elle s'était servi. Par un remède qui équivalait au mal, en m'essuyant j'avais emmiellé ma serviette qui avait emmiellé mon voisin, de façon que, pour prévenir un emmiellement général, il fallut me séquestrer comme un cholérique. Par ce moyen, j'eus la place de deux, et je n'en déjeunai que mieux, quoique cet incident tendît à jeter du louche sur ma conduite mielleuse.

Adrien ne put s'empêcher de sourire.

— Oui, mon cher, reprit Georges encouragé par ce premier succès, j'attache beaucoup de prix à manger à mon aise, c'est un effet de ma constitution. J'ai toujours un appétit flamboyant et tenace qui m'a valu, je le sais, force brocards de votre part, mais aussi, vous l'avouerez, force côtelettes et bons morceaux. J'avoue toutefois que s'il y a quelque chose de déplorable au monde, ce sont ces estomacs oublieux, qui, toujours prêts à recommencer, ne gardent aucun souvenir des repas passés. Oui, c'est une chose déplorable, comme le dit quelquefois ma bourse. Mais en ce genre tu es encore plus mal partagé que moi. J'ai du discernement dans ma faim. Toi tu es d'une tolérance constitutionnelle. Tu ne dédaignes ni les omelettes brûlées, ni la clairette acidulée. Tu admets avec une bienveillance sans borne tout ce qui se mange ou se boit. Tu fais parfait accueil à toute denrée sans discuter sur la qualité, le lieu d'origine, la perfection des accessoires. Tu manges sans discuter. Tu as même sur la théorie des fromages des idées incongrues et abstraites qu'il serait dangereux d'émettre, de crainte d'émeute.

Adrien poussa un grand éclat de rire.

— Farceur maudit, dit-il à son ami en lui lançant à la figure le bonnet de coton dont il était encore coiffé, tu me forces à rire quand j'ai la mort dans le cœur. Tiens, tiens, vois où tes conseils diaboliques m'ont mené ; lis, te dis-je, et plaisante si tu le peux.

Georges prit la lettre et lut.

— Oh! oh! reprit-il en posant le billet sur

la table de nuit, ceci tombe dans la débâcle. C'est ta bonne étoile qui m'a amené ici, car je parie que tu allais faire une sottise. Voyons, à quoi allais-tu te décider?

— Mais c'est tout simple, je n'ai pas deux partis à prendre. J'allais me soumettre tout simplement.

— J'en étais sûr. Eh bien, tu allais faire une crucherie des mieux conditionnées.

Ah! par exemple, il te serait difficile de me le prouver. Songe que ceci n'est pas une plaisanterie. On me coupe les vivres. C'est une question de vie et de mort.

— C'est précisément pourquoi il faut user des grands moyens. Raisonnons : nos bons déjeuners et nos parties fines t'ont précipité dans la banqueroute, dans l'agiotage, dans une ruine complète. C'est bien, c'est normal. Il ne pouvait pas en être autrement. Papa se fâche, il prend des airs de tyran; rusons. Obéir à la première sommation serait niais et antistratégique. Le premier sot en ferait autant. Mais toi, mon élève, ma gloire, je prétends que tu le fasses capituler. Je veux que vous changiez de rôles. Il faut que ce soit lui qui devienne le suppliant, lui qui accepte tes conditions. Voilà le comble du génie, voilà ce que j'appelle se retirer avec les honneurs de la guerre.

— Tu en parles à ton aise. Si tu connaissais son inflexible sévérité, tu verrais bien qu'il ne me reste pas d'autre parti que l'obéissance. Il me laissera mourir de faim plutôt que de céder. On voit bien que tu n'y as pas passé.

— Eh! c'est précisément parce que je me suis trouvé dans des circonstances semblables que je veux te diriger. Écoute mon histoire, tu jugeras mieux de ta position ensuite.

CHAPITRE III.

Récit.

Je dépendais d'un tuteur, comme toi d'un père. Le nom n'y fait rien. J'avais fait des dettes, il refusait de les payer et me sommait de rentrer au bercail. Je jugeai tout de suite que le bonhomme ne savait ce qu'il disait, car c'était un peu sa nature. Je fis ce raisonnement : mon tuteur me refuse de l'argent, c'est-à-dire mon bien, ce qui m'appartient ou doit m'appartenir ; il y a erreur de sa part. Des paroles ne suffisaient pas pour le convaincre. La logique n'est pas faite pour les tuteurs. Il faut le convaincre de ses torts par des actions.

Je commençai par faire argent de tout ce qui se trouvait en ma possession. Malheureusement ce n'était pas grand chose. Je vendis ma montre pour avoir un moins gros bagage. Il me parut d'ailleurs que les jours et les nuits m'avertiraient suffisamment des principales révolutions du temps, et je remis à mon estomac le soin de m'indiquer l'heure des repas. Je cédai à un brocanteur, contre une jolie valise de cuir et une blouse, un superbe baromètre de Farenheit, monté en cuivre, meuble inutile et immoral, puisqu'il tend à dévoiler les secrets de l'avenir, ce qui tombe dans l'astrologie et la magie blanche. J'avais aussi composé, dans mes momens de loisir et de verve, un superbe tableau d'histoire. Tu sais que je suis peintre dans l'occasion. C'était une grande page comme on dit. J'avais représenté Marius dans l'étang de Minturne, mangeant un poisson à la barbe d'un Cimbre. L'originalité du sujet fit qu'on m'en donna 10 francs. Peu de jours auparavant j'avais emporté le prix de poésie aux jeux floraux. C'était cent sols, plus l'honneur. Bref, de broc et de broc, fus à la tête de trente francs en belle monnaie, et un beau soir de clair de lune je me mis en route pour les pays lointains, car j'ai toujours prodigieusement aimé marcher de nuit. Ah! j'oubliais de te dire que ma valise n'était remplie que de foin. C'est plus léger, d'ailleurs le foin n'est contrebande nulle part ; mais j'avais pour me consoler, un magnifique parapluie, en toile cirée, à tringles de bois en guise de baleines. Une seule chose m'inquiétait, je n'avais pas de passe-port. Il eût été singulièrement désagréable, tu le comprends, d'être pris pour un vagabond, et ramené, à la queue du cheval d'un gendarme, au gîte maternel ; aussi je me promis bien, à la première occasion, de mettre en règle cette partie de mon équipage.

Le ciel me sourit à souhait : sur les huit heures du matin, comme je cheminais philosophiquement, je fis rencontre d'un petit monsieur tout rond, air apoplectique, visage de sphère et teint soleil couchant d'Afrique, qui roulait par les grandes routes pour je ne sais quelle affaire qu'il m'expliqua longuement sans que j'y pusse rien comprendre, car le cher homme avait malheureusement la parole à droite et l'idée à gauche.

Je lui fis la grâce de l'écouter dans ses divagations et de marcher à son pas jusqu'au village prochain, où il me proposa un déjeuner. Ce fut le premier et le seul signe de bon sens que je découvris en lui. Tout en disséquant une volaille, je fis tomber la conversation sur les signalemens de chancellerie, et j'eus le bonheur inexprimable de le voir tirer son passe-port afin de me faire juger s'il y avait lieu à attaquer en calomnie le chef bureaucratique. Je procédais à la vérification quand je m'aperçus qu'à force de boire, le signalement de ce digne voyageur allait avoir besoin de graves modifications, et je désespérais que les expressions consacrées des chancelleries d'état, quelque riches et variées qu'elles soient, eussent assez de plénitude et de coloris pour signaler dignement cet homme tonneau. Ses facultés absorbantes étaient telles, que je tremblai plus d'une fois de voir le contenu dépasser le contenant. Heureusement l'assoupissement le gagna comme il triturait entre ses dents la vingt-septième côtelette. Je ne crus pas nécessaire d'assister à son sommeil, bien moins encore de le réveiller. On doit des égards à son prochain. Je payai le déjeuner qu'il m'avait offert, mais j'emportai le passe-port. Je suis pour le système des compensations.

En sortant du bourg, j'enfilai un petit sentier fleuri et pittoresque qui me semblait merveilleusement propre aux rêveries et aux réflexions riantes. Mais, hélas! je n'en fis que de nuageuses, car le traître aboutissait aux cataractes du ciel, qui, s'ouvrant soudainement sur moi, me noyèrent à fond. Tu ris, mais je ne plaisantais pas, je t'assure. Gémissant, délayé, affadi par ces torrens d'eau, je me traînais péniblement, assez semblable à ces mouches étourdies que l'on retire de la sauce et qui se traînent les ailes collées au flanc. En regardant ma chaussure, j'aperçus par hasard que ma maudite blouse m'avait indigoté les mains, et mes pantalons qui, de blancs qu'ils étaient, avaient un certain air jaspé tout-à-fait nouveau et plaisant. Cet incident, qui eût désespéré un homme vulgaire, me rendit toute ma gaîté. Je lançai par-dessus la haie mon parapluie, où s'engouffrait le vent. Je relevai noblement la tête, et, donnant le bras à la tempête, je lui chantai, en marchant, quelques bribes de vaudeville mouillés et des roulades à la manière de Rossini. Toutefois il me vint un remords. Je me souvins des médisances dont mon baromètre avait été l'objet, au moment où je lui fis mes adieux, et j'eus quelques raisons de croire que la trombe qui me poursuivait était un tour de son métier. Dès ce moment je tombai dans un barométrisme complet. En ce moment je débouchai sur la grande route, si l'on peut appeler ainsi une longue flaque d'eau où se miraient de noirs nuages. L'essentiel c'est que cette flaque d'eau conduisait à un joli village et à une excellente auberge où je me réfugiai au plus vite.

— Je n'en veux pas savoir davantage, s'écria Adrien impatienté, tu m'avais promis des conseils et tu me fais des histoires. Que m'importe à moi tes trombes et tes auberges ? je n'ai heureusement rien de commun avec ce monde délicieux ; si tu n'as de rien de mieux à me dire, tais-toi et me laisse. Tu m'as tout l'air de te moquer de moi.

— Ah ! tu n'aimes pas les histoires, reprit Georges en allumant un second cigarre ; alors je vais te faire un conte. Que m'importe le nom ?

— Je ne veux pas de conte, te dis-je, mais une conclusion.

— C'est juste, reprit l'impitoyable bavard. Mais comme il n'y a pas de conclusion sans principe, je poursuis.

Adrien se jeta sur son lit d'un air résigné, et se mit à jouer avec la frange de ses rideaux.

— Je disais donc, reprit Georges, qu'étant entré dans l'auberge, anihilé, boueux et mouillé comme un dieu marin, je me glissai, inaperçu, au milieu d'une foule de gens très-affairés, qui causaient de toute part par je ne sais quels motifs. J'entrai dans la première chambre venue, et je procédai immédiatement à mettre mon costume à la hauteur des circonstances, car j'avais remarqué, avec ce coup d'œil fier et scrutateur que tu me connais, que tous ces individus empressés qui bourdonnaient dans la maison avaient chacun un bouquet à la boutonnière, ce qui signifiait évidemment noce ou baptême. Mais tandis que je vaquais aux soins de ma toilette, des éclats de rire se font entendre aux quatre coins cardinaux. Bon, pensai-je, il y a toujours de la ressource avec des gens qui rient. Orientons-nous. Je déposai dans un

coin ma valise, de peur que l'odeur du foin
me fît prendre pour ce que je n'étais pas;
car au village, comme ailleurs, il ne manque
pas de gens superficiels qui jugent les gens
sur l'apparence, et qui auraient bien pu
prendre ma provision de fourrage pour des
provisions de bouche. Or, je tenais singulièrement à ne pas passer pour un herbivore
ou autre animal ruminant. Je me hasardai
donc dans une suite de couloirs labyrin-
thiques, qui me conduisirent dans un certain
lieu obscur, où se faisait entendre un certain
bruit d'ustensiles, suivis de murmures liquides que je pris, au premier abord, pour les
signes distinctifs d'un atelier culinaire en
activité. Mais mon odorat m'avertit bientôt
de la méprise. Tu comprends du reste où
j'étais. Il y a des choses qui se sentent mieux
qu'elles ne se décrivent. Je rebroussai chemin, et, me frayant un passage au travers
d'une assemblée de volailles qui tenaient leurs
assises autour d'un sac de blé lézardé vers sa
base, je débouchai triomphalement dans une
salle, où une trentaine de rustiques se ron-
geaient les ongles, faute d'occupation plus
profitable. Leurs soixante yeux se tournè-
rent aussitôt sur moi. Déjà je voyais le sou-

rire de la moquerie errer sur leurs lèvres. Je sentis que le moment était décisif et qu'il fallait, par un trait de génie, ressaisir mon ascendant moral si je ne voulais être bafoué et conspué.

Soudain j'avise un violon accroché à la muraille. Je m'empare de cette mine féconde en prodiges, je démanche, un cri d'admiration part de toutes les bouches. Monsieur est musicien! Le bal s'organise. Les bancs passent par la fenêtre, et me voilà en un clin d'œil le personnage indispensable de la réunion. Après deux heures de gambades, voyant la société à peu près échinée et la maison prête à crouler sous le choc des souliers ferrés, j'organise les jeux d'esprit. Oh! beaucoup d'esprit ; mais de souper, pas le mot. Quand mon répertoire fut épuisé, je m'avisai d'égayer l'assemblée par quelques drôleries scientifiques. C'étaient des facéties arithmétiques à la façon de Pithagore. Pensez un chiffre. — Je l'ai. — Ajoutez dix. — C'est fait. — Retranchez deux. — C'est fait. — Il vous reste un nombre? — Oui. — Eh bien, gardez-le. Et ainsi de suite. Je voyais le moment où il faudrait en venir aux charades en actions, et aux logogriphes, quand heureusement une bonne vieille vint me prier de passer dans la salle à manger. Elle ressemblait quelque peu à Baucis, quand elle vivait. Mais vu le message dont elle était chargée, je ne l'aurais pas troquée alors contre toute la collection des Vénus grecques.

Le repas fut détestable. La pomme-de-terre dans toutes ses formes en avait fait les frais, à tel point que je tremblais de tous mes membres, quand on me présenta la poularde villageoise, de la voir se transformer en pomme-de-terre sous mon couteau.

J'etais placé à côté de l'épouse, car c'était d'une noce qu'il était question. C'était une grosse laitière, parfumée d'ail et de marjolaine. J'entamai avec elle une conversation pittoresque, énonçant doctement diverses pensées et réflexions philosophiques sur l'usage du monde, les pantalons jaspés et les galopes. Je trouvai en elle une merveilleuse facilité à entrer dans mes idées, auxquelles elle répondait par un amphigouri où se confondaient la crème et le fromage de chèvre.

— Ah! parbleu, c'est trop fort, s'écria Adrien en se levant tout à coup comme un cadavre qui ressent l'atteinte de l'éclair galvanique, tu uses et abuses de ma patience. Va te promener, toi et ta laitière.

— C'est précisément ce que je fis, répondit Georges sans se troubler. Je sus l'intéresser à un si haut point, qu'elle m'invita à passer quelques jours à sa ferme, sous l'approbation de M. Pingot, son vénérable époux. Mais tandis que les jours et les semaines s'écoulaient délicieusement pour moi, au milieu des canards et des oies, mon vénérable tuteur, alarmé de ma brusque disparition, faisait battre le pays pour découvrir mes traces. Le bruit s'était répandu que je m'étais noyé de désespoir. Mille spectres terribles se dressaient jour et nuit devant lui, lui reprochant sa dureté et sa sévérité déraisonnable. Tantôt c'était ma famille qui lui redemandait compte de mon sang, et l'accusait de m'avoir poussé à l'extrémité pour s'emparer de mon bien. Tantôt c'étaient mes amis eux-mêmes qui l'accablaient de reproches de leur avoir enlevé un compagnon chéri. Leurs lettres, concertées d'avance, étaient autant de coups de poignard qui assassinaient en détail le brave homme. Quand je le crus suffisamment effrayé, je lui fis savoir sous main le lieu de ma retraite, et un beau jour je le vis arriver larmoyant, suppliant, et me demandant presque excuse de sa cruauté inouïe.

L'entrevue fut superbe et pathétique ; je lui fis honte de ma misère et de mon dénûment, j'élevai en témoignage contre lui ma blouse râpée et mon chapeau défoncé ; il s'attendrit, il pleura, et je fis la paix, à condition qu'il doublerait ma pension et qu'il payerait mes dettes passées. Voilà, moncher, comment, avec du caractère et du génie, je triomphai des hommes et de la fortune.

CHAPITRE IV.

L'insensé !

— Tu as réussi, donc tu as raison, dit Adrien après un instant de réflexion ; mais mon père n'est pas d'une pâte à se laisser tromper par de si grossiers artifices ; encore une fois je te dis qu'il me laissera périr de faim plutôt que de m'envoyer de l'argent si je ne me soumets. Ne rencontre pas des laitières qui veut.

— Ça, c'est vrai, répondit Georges ; mais voici mon opinion pour ce qui te regarde. Tu vas écrire au papa une lettre d'excuses et de repentir ; les fonds nécessaires pour ton voyage arriveront, tu iras jusqu'à dix ou douze lieues de la maison paternelle, et par une seconde lettre où se peindra l'effroi des châtimens qui t'attendent et des justes reproches que tu as mérités, tu annonceras que, ne te sentant pas le courage de reparaître devant lui, tu t'exiles volontairement de sa présence, et que tu pars pour tel port que tu indiqueras (ceci est essentiel pour te faire retrouver), afin de t'embarquer pour le pays des Hurons.

Adrien repoussa bien loin cette odieuse proposition. L'idée d'abuser ainsi de la confiance de son père lui semblait un crime impardonnable, et il l'exprima énergiquement à son coupable conseiller. Georges répondit par des plaisanteries, il persifla adroitement les scrupules de son compagnon, employa tout son diabolique esprit pour lui faire envisager cette ruse comme une espièglerie sans conséquence, et ne pouvant le déterminer, l'entraîna du moins à jouir jusqu'à la fin des momens de liberté qui lui restaient.

Au lieu de se recueillir, au lieu d'écouter le bon mouvement qui lui disait : *Fuis le tentateur*, Adrien se plongea dans le bruit et dans le tumulte de la dissipation. Craignant de se trouver en face de sa conscience, seul à seul avec elle, il accepta par faiblesse l'invitation pour le souper du soir Il revit les mauvais sujets qui lui avaient fait faire tant de sottises, il devint le sujet de leurs railleries, ses bonnes résolutions faiblirent peu à peu. Une fausse honte l'empêcha de persévérer ouvertement dans ce qu'il savait être son devoir; il se piqua de vanité de ne pas paraître moins courageux que Georges, moins mauvais que les méchans qui le poussaient au mal. La lettre menteuse qui devait abuser son père fut rédigée et écrite au milieu des verres et des vapeurs du vin. La poste l'emportait le lendemain; huit jours après il était en route, bien décidé à pousser jusqu'au bout cette coupable aventure.

L'insensé !

Marche, marche donc! fuis les yeux de ton père. Sa vue ne peut te suivre à travers les pays que tu parcours, emploie son argent à lui désobéir; mais si vite que tu ailles, si loin que te mène ton mauvais cœur, Dieu te suit, et le remords qui s'attache à tes pas est déjà un témoin que sa puissance peut t'atteindre partout.

C'est une chose bien remarquable et bien vraie que l'homme, engagé dans une mauvaise voie, met autant de persévérance et de ténacité à suivre jusqu'au bout son égarement que le bon emploie de constance à accomplir son devoir. Il semble qu'il y a un aveuglement tout particulier attaché au vice. La raison une fois pervertie, une fois privée du flambeau de la religion, n'est plus pour nous qu'un moyen de perdition et de ruine. Semblable à ces chevaux ombrageux qui prennent aux dents le mors destiné à les conduire, et qui courent tête baissée à travers tous les obstacles jusqu'au mur où ils se brisent, l'homme, qui rejette le joug salutaire de la conscience, se précipite également dans tous les maux jusqu'à ce que la nécessité ou la misère l'accable de son poids et l'empêche d'aller plus loin.

Les avertissemens ne manquèrent pas à Adrien pendant ce long voyage, pendant ces fatigantes journées de marche. Dieu qui nous garde toujours beaucoup mieux que nous ne pourrions nous garder nous-mêmes, sema sur sa route beaucoup d'occasions de réfléchir à son salut, à la conduite insensée qu'il tenait, et ici je ne parle plus seulement de la voix de sa conscience qui lui criait incessamment : *Retourne, retourne*, mais de ces épisodes semés dans le cours de la vie, qui sont si propres à faire réfléchir l'homme attentif à ses voies, et qui seront un si grand sujet de condamnation pour celui qui les a méprisés.

Cher lecteur, tu en rencontreras aussi de ces appels de notre Dieu. Tant que tu ne te seras pas donné à lui, il ne cessera de frapper à la porte de ton âme, il le fera par mille moyens divers jusqu'au moment où l'éternelle nuit viendra, dans laquelle personne ne peut travailler. C'est pourquoi je voudrais te rendre attentif à cette voix d'amour, c'est pour cela que j'écris ces pages ; car puisse se sécher ma main si elle ne devait servir qu'à retracer un récit sans utilité et sans application ! Je désire t'intéresser pour t'instruire. J'ai à cœur ton bien avant ton amusement. Oh ! mon enfant ! songe que rien de ce qui nous arrive ici-bas ne se fait sans une volonté expresse de Dieu, et qu'il importe donc de toujours se demander : Quelle est la volonté du Seigneur dans l'événement qui m'arrive? Si donc j'entre dans quelques détails à l'égard d'Adrien, c'est afin que tu appliques à ta propre vie ce qui lui arrivera. Oh! puisses-tu le faire avec autant de fruit que lui!

CHAPITRE V.

L'aveugle. — Premier appel.

Un jour, Adrien montait péniblement une côte rapide. Appuyé sur son bâton de voyage, le front ruisselant de sueur, il côtoyait la route, cherchant à se tenir le plus possible sous l'ombrage des arbres qui la bordaient. Il était deux heures. Le soleil dardait dans toute sa force.

A l'embranchement de deux chemins, il aperçut de loin un aveugle, un vieillard appuyé d'une main sur un bâton noueux, et de l'autre sur l'épaule d'une jeune fille assise à ses pieds. Un gros buisson de noisetiers se courbait en berceau sur leur tête; ils ne parlaient ni l'un ni l'autre. L'aveugle semblait absorbé dans une profonde méditation. Il était immobile comme une statue, seulement de temps en temps il ouvrait ses paupières, et tournait vers le ciel ses yeux éteints. La jeune fille lisait attentivement dans un livre ouvert sur ses genoux.

Quand Adrien vit de loin cette figure vénérable, il éprouva un sentiment pénible de compassion, et, pour éviter au vieillard la honte de lui tendre la main, il prépara d'avance dans la sienne une petite pièce de monnaie qu'il se proposait de laisser tomber dans son chapeau au moment où il le lui tendrait. Il était encore à une trentaine de pas d'eux, quand la jeune fille tourna la tête au bruit de sa marche, et, après l'avoir examiné un instant, dit au vieillard, en le poussant légèrement du coude afin d'éveiller son attention :

— Grand papa, le voyageur qui vient est un jeune homme d'une figure honnête et douce. Il a l'air fatigué, je pense qu'il vient de loin, car ses souliers sont poudreux et sa figure noircie par le soleil. Sa mise annonce l'aisance. Le voici.

Adrien allait effectivement les atteindre.

— Un beau temps, monsieur, lui dit l'aveugle d'un ton affectueux en lui tirant son chapeau.

— Oui, répondit Adrien, beau temps et mauvais chemin. Il serait difficile de trouver un air plus doux et une route mieux garnie d'ornières et de cailloux. Si l'on n'y prenait pas garde on tomberait à chaque pas.

— Cela est vrai, monsieur, mais on se relève bien vite de chutes semblables, avec un peu de soin on les évite. Il n'en est pas ici comme sur certains sentiers que je connais, où chaque faux pas est mortel.

Adrien ne comprit pas trop ce qu'il voulait dire, mais il trouva sans doute peu important de lui faire expliquer sa pensée, car il reprit :

— Pourriez-vous me dire combien de temps il me faudra encore marcher avant de rencontrer une fontaine? J'éprouve depuis plus d'une heure une soif ardente.

— J'ai ici de quoi satisfaire toutes les soifs, répondit l'aveugle en tirant de dessous le buisson une gourde qu'il avait enfouie

avec précaution dans de la mousse humide.
Voilà pour la soif des lèvres, dit-il en présentant à Adrien un verre d'eau. La boisson
que je vous donne ne vous désaltérera que
pour quelques instans; dans peu d'heures
vous serez obligé de chercher une nouvelle
fontaine. Mais, ajouta-t-il avec une intonnation de voix légèrement emphatique, voici
l'eau qui désaltère pour toujours ceux qui
ont le bonheur d'en avoir soif.

Et sa main s'abaissa sur le livre que la
jeune fille tenait ouvert sur ses genoux.
Adrien trouva ce langage bien étrange. Il
se demandait ce que c'était qu'un livre qui
désaltère, et une eau qui rafraîchit pour toujours. Il y avait dans l'accouplement de ces
idées une obscurité qu'il ne pouvait comprendre, quand il lui vint à l'esprit que le
vieillard avait peut-être l'intention de le
mystifier.

— Allons, lui dit-il d'un ton goguenard,
je vois que vous aimez à plaisanter. Vous
êtes là comme le sphinx sur la route de Thèbes, proposant des énigmes aux passans. La
seule différence, c'est que vous ne les dévorez pas. Permettez-moi de vous offrir un
petit présent en échange du verre d'eau que

vous m'avez donné. Je ne puis m'arrêter davantage.

Et il lui tendait une pièce de vingt sous.

Quoique le vieillard ne vît pas ce qu'on lui offrait, il devina le geste, car il repoussa doucement la main d'Adrien en souriant avec bonté.

— Vous n'êtes pas le premier, lui dit-il, qui se soit mépris à mon égard en me prenant pour un mendiant. Pourtant je ne le suis pas. Si je viens chaque jour sur le bord de cette route, ce n'est pas pour solliciter la pitié des passans par la vue de mon infirmité et de mes cheveux blancs. Mon intention, au contraire, est de faire l'aumône à quiconque a le cœur assez simple pour la recevoir de mes mains.

Et comme Adrien ne put retenir une exclamation de surprise :

— Oui, reprit-il, tel que vous me voyez j'en ai enrichi plus d'un, et si vous le voulez, vous ne me quitterez pas sans emporter un trésor d'un prix inestimable.

— Vous avez donc le secret de faire de l'or? lui demanda Adrien.

— J'ai plutôt celui de s'en passer. Mais le trésor que je désire vous donner n'est pas celui-là. C'est le secret de rendre la vue aux aveugles, et l'ouïe aux sourds.

— Mais je ne suis ni aveugle ni sourd, dit Adrien, votre présent ne peut m'être directement utile.

— J'en juge autrement que vous, mon cher monsieur, répondit l'aveugle avec un sérieux et un air de conviction qui écartaient toute idée de plaisanterie, je vous crois aveugle et sourd à la fois. Pardonnez-moi ma franchise. Quoi, depuis un quart-d'heure que nous causons vous ne vous en étiez pas aperçu?

— Non, dit Adrien.

— Si cependant je vous convainquais d'aveuglement, vous laisseriez-vous guérir? accepteriez-vous le remède?

— Certainement, si vous le possédiez.

— Eh bien! asseyez-vous là un instant, et écoutez-moi. Vous ne regretterez pas le temps que nous consacrerons à cette causerie.

Adrien déposa à terre son havresac, et s'assit dessus, en face de l'aveugle, attendant qu'il fût disposé à parler. Le vieillard se recueillit un instant, en joignant les mains, et appuyant ses deux bras croisés sur l'extrémité de son bâton, il parla de cette manière.

CHAPITRE VI.

Parabole.

Il y avait une fois (pardonnez-moi de commencer mon récit comme un conte de fée), il y avait deux frères qui avaient été mis en pension dans une ville très-éloignée de leur patrie. Leur père était un riche seigneur, il possédait d'immenses domaines, et, dans son amour pour ses enfans, il résolut de les mettre en possession, de son vivant, d'une partie de leur héritage. Mais il voulut auparavant s'assurer s'ils étaient dignes de cette marque de confiance, et s'ils n'en abuseraient pas. Il leur fit donc part de ses intentions dans une lettre qu'il leur envoya par son secrétaire.

« Je veux savoir, leur disait-il, si vous m'aimez comme je vous aime, et si vous êtes capables de m'obéir en tout ce que je trouverai bon de vous ordonner. Vous vous mettrez en route dès que vous aurez lu cette

lettre, vous voyagerez à pied ; car il est bon
que vous sachiez ce que c'est que la fatigue
et la peine. Je vous envoie ci-joint l'itinéraire
exact de cette route ; vous y trouverez non-
seulement le chemin que vous devez suivre,
mais encore les sentiers où vous pourriez vous
égarer. Ne perdez pas de vue ce conducteur.
Ayez-le sans cesse dans vos mains. Consul-
tez-le le matin en vous éveillant; dans le
cours de la journée, pour vous assurer que
vous ne vous égarez pas : et avant de vous
coucher, pour vous rendre compte de la
distance que vous avez parcourue. Je vous
ai choisi la route la plus directe et la plus
sûre, veuillez en être persuadés. Ce n'est
pas la grande route, il est vrai ; beaucoup
de gens, à cause de cela, vous diront que je
me suis trompé : ne les écoutez pas. J'ai
marché avant vous dans les chemins que
je vous indique, je les connais tous. Me
croyez-vous capable de vous fourvoyer?
Mais comme il serait peut-être au-dessus
de vos forces de venir jusqu'à moi, j'irai à
votre rencontre jusqu'à Tumulus. Ce n'est
donc que quatre-vingts jours de marche
environ qu'il vous reste à faire. Je vous
attends, chers enfans. Pensez au bonheur

que je vous prépare. Quand vous serez abattus sous la chaleur du midi, n'espérez pas la pluie d'orage, tournez les yeux vers le repos qui est auprès de moi, et vous puiserez dans cette espérance les forces nécessaires pour marcher. Que sont d'ailleurs quatre-vingts jours de fatigue en proportion de trente ou de quarante années de repos? Mon secrétaire est chargé de vous donner les fonds nécessaires pour votre voyage. Je l'ai instruit de mes intentions à votre égard. Écoutez-le dans tout ce qu'il vous dira. »

Les deux frères se mirent en route pleins de joie et de confiance. A chaque chemin de traverse qu'ils rencontraient, ils consultaient leur carte routière, et demeuraient frappés d'étonnement d'y voir indiqués les plus petits détails, les moindres obstacles.

— C'est cependant singulier, disait Albert, tous les chemins que nous rencontrons semblent meilleurs que celui-ci. On dirait que papa a choisi exprès le plus mauvais de tous.

— Tu fais bien de dire *il semble*, répondit Adolphe, car si l'entrée en est belle et riante, peut-être un peu plus loin n'y trouve-t-on que boues et fondrières.

Les quinze premières journées de leur voyage se passèrent sans accident et sans rencontre fâcheuse ; mais le seizième jour Albert commença à se plaindre de la fatigue. Son frère lui offrit son bras, il s'y appuya, et fit une ou deux lieues en se traînant à peine.

— Tu vas trop vite, dit-il enfin à son frère. Pourquoi tant nous presser, n'avons-nous pas le temps?

— Non, dit Adolphe, nos jours sont marqués. Tu sais que nous devons faire dix lieues par journée pour arriver à Tumulus le jour que papa nous a fixé. Si nous ralentissons le pas nous ne ferons que neuf lieues aujourd'hui. Il nous faudra donc en faire onze demain, pour nous rattraper et, si nous ne le faisons pas, nous retardons notre arrivée d'un jour, et nous risquons de ne pas trouver papa. Reprends donc courage; quand nous devrions nous mettre les pieds en sang, ou nous traîner sur nos genoux, ce mal serait préférable à celui de ne pas arriver à temps.

Albert recueillit tout son courage ; mais, comme il marchait d'un assez bon pas, il aperçut, dans la poussière de la route, de petits cailloux étincelans

— Oh! regarde, cria-t-il à son frère en en relevant quelques-uns, regarde les jolies pierres. Quelles brillantes facettes! Ne serait-ce pas une espèce de diamant? Je m'en vais en remplir ma poche.

— Mais tu n'y penses pas, Albert; tu peux à peine te porter toi-même et tu veux te charger de pierres qui te seront de la plus parfaite inutilité, supposé même qu'elles aient la valeur du diamant. Papa n'a-t-il pas des richesses immenses, et ne nous appelle-t-il pas pour les partager?

— Cela se peut, mais j'aime mieux le bien que je tiens que celui que je ne fais qu'espérer. Je vais remplir mon sac de ces cailloux.

Adolphe, par complaisance, voulut bien s'arrêter un instant; mais, voyant que son frère s'obstinait à remuer avec son bâton la poussière de la route, il l'avertit que s'il ne quittait pas sur-le-champ sa futile occupation, il allait le laisser là et poursuivre seul sa route.

— Va, lui dit Albert, je ne te retiens pas.

— Mais que dirai-je à notre père quand il me demandera de tes nouvelles?

— Je me justifierai moi-même, ne t'inquiète pas.

— Tu sais cependant combien il déteste la désobéissance.

— Dam, tant pis, arrivera ce qui pourra, dit Albert en s'asseyant au milieu de la route, j'ai le temps. Que me fait d'ailleurs les richesses de papa, si je meurs de fatigue avant d'arriver à lui? Laisse-moi, te dis-je. J'arriverai peut-être avant toi.

Adolphe voyant ses prières totalement inutiles, et n'osant, pour sa propre sûreté, s'arrêter davantage, se remit à marcher. Mais à chaque instant il se retournait pour appeler son frère. Enfin il le vit disparaître au milieu des nuages de poussière qu'il soulevait avec ses mains en cherchant ses petits cailloux. La nuit surprit Albert dans cette futile occupation. Quand il vit l'obscurité qui commençait à tomber autour de lui, il se mit cependant à réfléchir.

— Peut-être aurais-je bien fait de suivre mon frère, se dit-il à lui-même; mais papa nous a imposé une tâche au-dessus de nos forces. Peut-il savoir, lui qui est vigoureux, si des enfans peuvent faire dix lieues par jour? Je lui dirai des raisons s'il se fâche.

Après tout je n'ai encore qu'un demi-jour de retard.

Il se mit à marcher jusqu'à ce que les ténèbres fussent tellement épaisses qu'il ne voyait plus à deux pas de lui. Il chercha alors à tâton, sur le bord du chemin, un rocher ou un buisson où il pût se mettre à l'abri, mais la terre était complétement nue. Il fut donc obligé de s'étendre sur le sol, et il s'endormit en pensant que son frère était arrivé depuis long-temps à son gîte et reposait mollement dans un bon lit. Le lendemain, à son réveil, il sentit ses vêtemens percés par la rosée de la nuit. Ses membres engourdis et endoloris pouvaient à peine se mouvoir. Il se leva triste et découragé, remit son sac sur ses épaules et reprit sa route. Mais jamais elle ne lui avait encore paru si pénible. A tout instant il heurtait ses pieds contre des racines; et ce qui le désolait le plus, c'est qu'en jetant les yeux devant lui il la voyait se dérouler à perte de vue et serpenter sur des côtes et des montagnes à pic.

— Heureusement je m'égare, se dit-il en s'asseyant ; il est impossible que papa nous ait choisi un si épouvantable chemin. Où donc est ma carte ?

Il s'aperçut alors qu'elle était enfoncée dans un sac sur les cailloux qui le remplissaient, et qu'elle était misérablement déchirée.

— Bah? reprit-il, ce n'est pas la peine d'en rassembler les morceaux; mon bon sens me guidera aussi bien qu'elle. Je m'informerai d'ailleurs au premier passant qui se présentera.

Il aperçut en cet instant de l'autre côté de la route, un arbre chargé de fruits magnifiques, dont quelques branches s'avançaient à sa portée. Il y courut et en fit tomber quelques-uns avec son bâton. Comme il allait les porter à sa bouche, un voyageur survint. Il était à pied comme lui. Il tenait en main un itinéraire semblable à celui que lui avait donné son père, et il le consultait à chaque instant. C'était un homme vigoureux, plein de courage. L'ardeur brillait dans ses yeux, son front ruisselait de sueur; mais, malgré cela, il marchait d'un pas ferme; et si parfois il bronchait encore sur les aspérités du sol, bien loin de s'en étonner, il en prenait, au contraire, occasion de veiller plus attentivement à ses pas.

— Ne touchez pas à ces fruits, jeune

homme, cria-t-il à Albert du plus loin qu'il l'aperçut, ils sont empoisonnés.

— C'est pour rire que vous me dites cela, répartit celui-ci ; sentez, je vous prie, quel délicieux parfum ils exhalent.

— Il sont empoisonnés, vous dis-je.

— Comment le savez-vous ?

— Cet arbre est noté sur mon itinéraire; voyez vous-même. Il est dit que pas un de ceux qui y touchent ne retournent.

— C'est vrai, dit Albert en jetant un coup d'œil sur la carte ; mais je crois que nos itinéraires (car j'en ai aussi un) ont été faits par des gens qui ne nous voulaient pas de bien. Qui vous a donné le vôtre ?

— Mon meilleur ami.—Je tiens le mien de mon père. — Et vous croyez que votre père vous veut du mal ?

— Il y a toute apparence. Tous ceux que je vois marcher dans ces chemins de traverse qu'il m'interdit ont l'air heureux. Ils chantent, ils se reposent à l'ombre, ils trouvent des ruisseaux pour se désaltérer. Ceux au contraire qui s'obstinent à marcher sur la route où nous sommes tous deux, sont accablés comme moi, ou baignés de sueur comme vous.

— C'est vrai, dit le voyageur, nous avons l'apparence de la souffrance. Ils ont l'air sages pour le moment, et nous sommes des fous à leurs yeux. Mais le point essentiel quand on est en voyage, c'est d'arriver, n'est-il pas vrai? Or, je sais certainement qu'en suivant mon itinéraire je ne puis manquer mon but. L'ami de qui je le tiens a fait ce voyage avant moi, et il m'a donné l'assurance que cette route était seule bonne. Je crois à sa parole, parce que je sais qu'il m'aime. Vous pourriez faire, il me semble, le même raisonnement à l'égard de votre père.

—Mais, dit Albert, nous n'allons peut-être pas à la même ville. Je vais à Tumulus, moi.

— Moi aussi.

— Et nous aussi, crièrent à la fois une foule de voyageurs qui suivaient en chantant un chemin de traverse à peu près parallèle où était Albert.

— Et vous croyez être dans la bonne route? leur demanda le voyageur? — Nous en sommes sûrs. — Par conséquent nous sommes dans la mauvaise?

— Vous êtes au moins dans la plus longue, dans la plus rude.

— Cependant, reprit le voyageur, l'itinéraire..... A peine eut-il prononcé ce mot que toute la troupe éclata de rire et l'assaillit de quolibets et de plaisanteries. L'itinéraire est pour les fous, disait l'un ; c'est une vieille paperasse antique qu'il faut jeter dès que l'on sait compter jusqu'à 10, disait l'autre. Personne ne sait qui l'a dressé, ajoutait un troisième.

— Mais enfin, répondit le voyageur sans se laisser troubler, avez-vous quelque chose de mieux à nous offrir? Où est votre guide? Qui vous garantira que vous ne vous trompez pas?

— Eh ! la raison, le bon sens, l'exemple de cette foule immense qui marche devant nous. Vous avez bonne grâce de vouloir en savoir plus que tout le monde.

Albert écoutait en silence cette discussion. Il tenait toujours en mains les fruits de l'arbre sous l'ombrage duquel il était assis.

— Que pensez-vous de ces fruits ? demanda-t-il à l'un des voyageurs du chemin de traverse.

— Rien au monde n'est meilleur, lui répondit-on.

— Vous entendez, dit Albert en regardant son voyageur.

— Mon enfant, lui répondit celui-ci, je n'ai sur ces choses que les lumières que me donne ma carte, et je vous affirme, d'après elle, que ce fruit est un poison.

— Bah! n'écoutez pas ce vieux radoteur, cria toute la cohue; mangez, jeune homme, et jetez-nous quelques-uns de ces fruits.

Albert leur tendit ceux qu'il avait dans la main, et les leur vit dévorer avec avidité, sans qu'aucun d'eux en parût incommodé.

— Voilà qui est concluant, dit-il, j'en mangerai aussi, et je m'en rassasierai. Il jeta de nouveau son bâton dans l'arbre et mordit à belles dents dans le premier fruit qui tomba. Le goût lui en parut savoureux et doux. Il pensait déjà à jeter les cailloux qui remplissaient son sac pour les remplacer par une provision de ces beaux fruits; mais un malaise soudain se fit sentir dans tous ses membres; il fut sur le point de se trouver mal.

— Vous voyez, lui dit le voyageur, une seule bouchée vous rend malade; que serait-ce donc si vous aviez mangé le fruit tout entier?

— Eh! c'est précisément parce qu'il ne l'a

pas mangé qu'il est incommodé, s'écria en ricanant un des hommes de la foule. Je ne vis que de fruits semblables, moi. Vous ai-je l'air bien malade? Il faut que l'estomac s'y fasse, voilà tout.

— Oh qui me délivrera des douleurs que je souffre, dit Albert! en se tordant les mains.

— J'ai ici un breuvage qui a guéri tous ceux qui ont voulu l'avaler, dit un voyageur qui survint en cet instant. Voulez-vous en boire une gorgée? Et il tira de sa poche un petit pot de terre commune de la plus misérable apparence.

— D'où tenez-vous ce remède? lui demande Albert.

— Du frère qui m'a donné ma carte routière.

— Mais c'est tout simplement de l'eau, dit Albert en versant quelques gouttes dans le creux de sa main.

— Je ne sais pas, répliqua le voyageur. Mais qu'importe si elle guérit?

— Puis votre vase a une drôle de forme.

— Ce n'est pas le vase qui guérit, c'est le contenu.

— Je le sais; mais il est impossible qu'il sorte rien de bon d'une fiole semblable. Je ne puis comprendre l'efficacité de cette eau, et je ne puis me fier à ce que je ne comprends pas. Reprenez votre remède.

— Votre Albert est terriblement stupide, s'écria Adrien interrompant la narration de l'aveugle. Certes, son aveuglement est impardonnable.

— Vous le dites, répondit le vieillard en tressaillant. Oui, mon cher monsieur, Albert était aveugle, et cet Albert, c'est vous.

CHAPITRE VII.

Adversité. — Second appel.

Si l'aveugle eût pu voir la rougeur subite que cette brusque apostrophe fit subitement monter au front d'Adrien, sa vieille expérience lui aurait fait sur-le-champ découvrir que le coup avait porté jusqu'au fond de sa conscience. Mais de même qu'un champ, demeuré long-temps inculte, reçoit mal la première semence qu'y jette le laboureur, et ne permet aux bonnes plantes de germer qu'imparfaitement; le cœur, qui est resté long-temps étranger à l'influence de l'esprit de Dieu, éprouve quelquefois une répulsion terrible à s'en laisser pénétrer; et ce n'est qu'à force de luttes et de violences qu'il s'en ouvre l'accès et s'y habitue.

— Adrien se trouvait dans cet état quand il reçut ce premier appel du Seigneur. Sa conscience, réduite jusqu'à cet instant au silence par la voix orageuse des passions auxquelles il s'était livré, lui avait plus d'une fois reproché, à Kornthal et même depuis son départ, sa révolte et son endurcissement dans cette révolte. Mais cette voix, que l'Écriture compare à un vent doux et subtil, ne lui avait encore parlé qu'en secret, et pour ainsi dire à voix basse. Il lui avait été facile de se soustraire à ses chuchotemens, en s'élançant dans le bruit des fêtes, en se préoccupant sans cesse de choses qui tendaient à le détourner de la réflexion. Mais aujourd'hui, cette voix si timide prenait pour l'accuser une forme et un accent plus énergique. Un nouveau Nathan venait de lui dire : Tu es cet homme-là. Un étranger, sans autre science que cette parole de Dieu, lui dévoilait exactement l'état de son père, lui peignait sa révolte et son aveuglement sous des couleurs si vraies, avec des détails si justes, que la honte lui montait au front.

Le vieillard, encouragé par l'attention que lui portait Adrien, s'appliqua à lui faire voir, d'après les Écritures, que tout homme qui n'a pas donné son cœur à Dieu est non-seulement en révolte, mais en état de condamnation. Il lui indiqua les signes du véritable repentir ; il l'engagea à réfléchir profondément sur l'état de son cœur, et à ne pas dire, comme Albert : Arrivera ce qui pourra.

— La conversion du cœur est un don de Dieu, lui dit-il en finissant. Il la donne quand il lui plaît. Vous auriez beau lui disputer votre âme, s'il veut l'avoir il l'aura. Vous êtes cerclé par sa puissance ; si vous ne venez pas de vous-même il vous amènera de force. Mon devoir à votre égard était de vous rendre attentif à ces choses. Je suis pour vous ce qu'était pour Albert le voyageur qui voulait l'empêcher de manger du fruit empoisonné. Voyageurs tous deux, nous nous rencontrons au bas d'une grande route. Vous avez perdu votre itinéraire, je vous le rends ; je vous encourage, je vous montre le but, c'est à vous de voir si vous aimez mieux les conseils de votre père que ceux de la foule qui s'égare dans les chemins de traverse. Tenez, ajouta-t-il en tirant de sa poche un petit volume de prières, voilà la parole de Dieu. Lisez-la, elle vous instruira. Souvenez-vous du vieil aveugle, et si vous venez un jour à reconnaître qu'il vous disait la vérité, songez que votre premier devoir est de faire connaître aux autres cette parole qui vous fit tant de bien.

Adrien se remit en marche ; mais un malaise indéfinissable s'était emparé de lui. Les sites qu'il parcourait n'avaient plus à ses yeux aucun charme ; un crêpe lui en voilait les beautés. S'il rencontrait sur sa route des laboureurs occupés dans leurs champs, des troupeaux dispersés sur les prairies, une paysanne occupée du soin de son ménage, il se disait : Tous ces êtres accomplissent leur tâche, ils suivent la carrière où la Providence les a placés ; moi seul je ne suis pas dans l'ordre, chaque pas aggrave ma faute. Et cependant il ne s'arrêtait pas ; c'est qu'il voyait derrière lui le sourire moqueur de Georges, c'est qu'un reste de fausse honte lui disait : Que

diront tes amis? Tu passeras pour un poltron.
Un peu plus tôt ou un peu plus tard, qu'importe en définitive? Sauve l'apparence aux yeux du monde. Il marchait toujours, et toujours traversant des provinces et des villes sans rien voir, sans s'intéresser à rien. Il arriva enfin à Dunkerque, épuisé de fatigue et presque sans argent

La vue d'une ville maritime le frappa d'admiration et d'étonnement. Il y a en effet, dans l'originalité des mœurs et du langage des marins, quelque chose de si tranché et si curieusement exceptionnel, que l'étranger qui se trouve tout à coup transporté au milieu d'eux ne peut se défendre de l'idée qu'il est dans un monde nouveau et avec des êtres d'une autre nature que lui. Adrien avait lu à Kornthal le récit des aventures des principaux navigateurs qui ont illustré leur nom, soit comme militaires, soit comme savans. Il savait presque par cœur l'histoire de ces terribles flibustiers, qui donnèrent un instant des lois à l'Océan. Chaque fois qu'il rencontrait une de ces mâles figures, bronsées par le soleil de toutes latitudes du monde, il aimait à y chercher de l'analogie avec le caractère connu d'un de ces loups de mer, dont la biographie se transmet de génération en génération à bord des bâtimens, avec le même soin religieux que l'on conserve ailleurs les légendes des saints. C'était surtout au milieu du tumulte des quais qu'Adrien aimait à se trouver. On le voyait pendant des journées entières assis sur une balle de coton ou un tonneau de sucre, suivre au milieu des matelots et des ouvriers les détails de l'armement d'un navire ou la mise à terre de sa cargaison. Il savait exactement quel bâtiment était sorti du port à chaque marée, quel autre y était entré, d'où il venait, et ce qu'il portait; il était pour ces choses d'une curiosité et d'une exactitude bien extraordinaires pour ceux qui ne connaissaient pas sa position.

Mais nous, qui connaissons quel ver rongeur s'était attaché à lui, nous comprenons aisément que ce désir de bruit et de mouvement n'avait d'autre cause que le besoin secret de se fuir lui-même. Le tumulte opère sur l'âme malade le même effet que l'opium sur es maux du corps. Il sauve des vives douleurs, mais il ne guérit pas. A force de vivre dans l'agitation et de se procurer des objets matériels, Adrien était parvenu à se faire une sorte de calme intérieur qui n'était autre chose en dernier résultat que l'absence de toute réflexion. Je n'ai presque pas besoin de dire que le livre que lui avait donné l'aveugle avait été peu de jours après relégué au fond de son sac de voyage, comme un meuble inutile.

Cependant les ressources pécuniaires d'Adrien, très-bornées à son arrivée à Dunkerque, finirent par lui manquer totalement. Il se trouva un jour sans le sou. Mais, soit qu'il ne se fît pas une juste idée de la position d'un homme sans état, sans talent et sans amis, dans une ville étrangère, à plus de deux cents lieues de son pays, soit peut-être qu'il mît sa confiance dans les connaissances superficielles qu'il avait acquises chez son père, il ne s'effraya point de sa situation, persuadé qu'il ne tarderait pas à se créer des ressources. Il faut tant de bras dans cette ville, pensait-il en lui-même, je trouverai bien à m'employer comme commis ou garde-magasin.

Un matin donc il se mit en course avec la liste des principaux armateurs et négociens. Mais quand il fut à la porte du premier comptoir qu'il avait noté, le courage lui manqua. Il vit à travers la porte vitrée une vingtaine d'employés courbés sur de gros registres; on comptait de l'argent à la caisse, le son des piles de cent francs qui tombaient dans les sacs agaçaient son oreille et lui rendaient plus palpable encore le vide effrayant de son gousset. Vingt fois il mit la main sur le bouton de la porte, vingt fois il la laissa retomber sans oser le tourner. Il avait beau se répéter que s'il voulait manger aujourd'hui il fallait qu'il parlât, sa timidité était insurmontable; solliciter lui semblait mendier. Il redescendit dans la rue sans même adresser un mot au portier.

—Allons, se disait-il en descendant la rue de Paris, on dit que la faim fait sortir le loup du bois. Quand j'aurai bien faim, j'oserai, peut-être. Comme il marchait en regardant l'étalage des magasins, un grand écriteau frappa sa vue : *Bureau de placement.*

— Oh! voici bien mon affaire, dit-il en montant l'escalier. Quelle bonne idée qu'un semblable établissement !

Comme sa mise annonçait encore une certaine aisance, le patron du lieu le reçut avec assez de politesse, et l'écouta sans distraction.

— Que savez-vous faire? lui demanda-t-il.
— Je sais écrire et chiffrer.
— Je le pense bien, c'est un ça va sans dire dont je ne m'informe jamais. Mais de quel genre d'affaires vous êtes-vous occupé jusqu'ici? Où avez-vous fait votre apprentissage de commerce? De quelle maison pouvez-vous vous recommander?
— Hélas! monsieur, je n'ai encore été employé nulle part. Ce sont mes premières armes que je demande à faire.
— Êtes-vous du moins du pays?
— Pas davantage. Ma famille habite à deux cents lieues d'ici.
— En ce cas, monsieur, vous aurez bien de la peine à vous placer chez nos négocians. Il leur faut des gens entendus, les novices entravent le travail plus qu'ils n'aident. Cependant je chercherai, ce sera long, je vous avertis. Si vous voulez me donner votre adresse...... et dix francs pour les premiers frais, vous pourrez repasser dans une quinzaine. Je vous dirai le résultat de mes recherches.

Adrien devint rouge jusqu'au blanc des yeux.

— Je suis sans argent! dit-il d'un air embarrassé.

— En ce cas, je ne puis rien pour vous, répondit le spéculateur en lui tournant le dos.

— Mais si vous ne pouvez sans argent me consacrer votre temps, daignez du moins me donner un conseil. Que dois-je faire pour avoir du pain?

— Votre unique ressource est de vous employer comme manœuvre, répondit l'homme sans daigner se retourner. Tenez-vous chaque matin sur les places où se réunissent les ouvriers à la journée. Peut-être quelqu'un vous emploiera-t-il.

Adrien remercia et sortit pensif et prêt à pleurer.

Il se dirigea vers le quai. En ce moment la mer basse laissait voir les vases puantes et liquides de l'avant-port et les pilotis des jetées. Une foule d'hommes et d'enfans, munis chacun d'un petit panier, se traînaient dans la boue, cherchant avec les mains, dans les interstices des pieux et des grillages, les moules que la marée y avait déposées. Si je faisais comme eux, pensa Adrien. Je trouverais peut-être de quoi faire mon repas de ce soir. Il descendit par une des nombreuses échelles de fer scellées contre la muraille, et marchant du mieux qu'il put sur les pierres qu'il rencontrait, les manches retroussées jusqu'au coude, il se mit à fouiller dans les cavités où se loge ordinairement le petit coquillage. Il en avait déjà trouvé deux, quand un petit garçon, occupé à la même pêche que lui, cria tout à coup à ses camarades :

— Dites donc, vous autres, depuis quand les messieurs viennent-ils donc à la chasse aux moules ?

— Tiens, tout de même, c'est vrai, répondit un de ses camarades. Dis-lui donc de filer à ce vieux chien qui vient voler le pain des pauvres.

Adrien entendit ce colloque, mais il fit la sourde oreille et continua sa pêche. Peu d'instans après un gros paquet d'algues [1] lui tomba sur la tête et entraîna son chapeau dans la vase. Cette injuste agression le ren-

---

[1] Plantes marines visqueuses qui croissent le long des murs habituellement baignés par la mer.

dit furieux. De quel droit voulait-on l'empêcher de recueillir une nourriture commune à tout le monde? Mais à qui demander raison de cette attaque? Vainement parcourut-il d'un regard irrité tous les groupes disséminés auprès et autour de lui; tous les dos étaient courbés, toutes les figures impassibles. Personne n'avait l'air de songer à lui. Il ramassa son chapeau, et l'essuya du mieux qu'il put; mais, en voyant combien il était obligé de se salir lui-même, il crut prudent de remonter sur le quai, car il était probable aussi que la petite persécution dont il était l'objet ne s'arrêterait pas à cette première attaque s'il s'obstinait à rester.

Deux moules et deux moules crues, telle fut sa seule nourriture de ce jour. Avec quelle amertume il pensa, en les broyant avec dégoût sous ses dents, aux repas délicieux où il avait dépensé son argent à Kornthal. Et peut-être, se disait-il, tandis que je me gorgeais de friandises, un pauvre mourait de faim à la porte, et enviait les débris que je jetais aux chiens.

Il rentra à son auberge pour approprier un peu ses vêtemens; mais l'idée qu'il n'aurait pas de quoi payer ce jour-là sa couchée faillit lui faire perdre contenance. Il demanda sa clef d'un air timide, qui frappa le garçon d'hôtel, car il voulut savoir s'il se trouvait mal. En cherchant sa brosse à habit dans son sac, il lui vint à l'idée de vendre ce qui lui restait de linge pour subvenir aux besoins du moment. Il fit un paquet de ses chemises, de ses bas, et, dès que le jour fut tombé, il sortit, avec ce mince trousseau, pour chercher à en tirer parti. Après bien des courses et des paroles, un fripier lui en donna enfin dix francs. Dix francs, quand on s'est vu sans le sol, c'est un trésor. Voyons, dit-il, ménageons cet argent; je recommencerai mes courses demain, et peut-être serai-je plus courageux et plus heureux.

Avant de rentrer chez lui, il erra quelques instans dans la ville, et passa devant le théâtre au moment où l'on ouvrait les portes au public. La foule s'y pressait. Il y avait début. On parlait de cabale et de bruit, c'était tentatif. Adrien, entraîné par l'appât du plaisir, allait mettre la main à son gousset pour prendre un billet, quand il entendit un jeune homme dire à l'un de ses amis qui cherchait à l'entraîner :

—Non, décidément je n'irai pas. Mes fonds sont en baisse. Les moindres places sont de vingt sous. C'est de quoi vivre tout un jour. '

Ce raisonnement le fit réfléchir. Il referma sa poche et passa son chemin. Un peu plus loin il vit un passage splendidement éclairé. La curiosité l'y poussa. Tandis qu'il examinait les magasins brillans qui en ornaient le pourtour, une musique douce arriva jusqu'à lui. Il crut y reconnaître la mélodie religieuse des chants de l'église. Bon, dit-il, voici de quoi passer ma soirée sans rien dépenser. Il entra.

Ceux qui proportionnent leur estime à la foule plus ou moins grande qui afflue dans un endroit, en auraient accordé bien peu à cette modeste chapelle, où quelques fidèles étaient venus se réunir pour entendre parler de leurs espérances communes, pour prier et chanter ensemble les louanges de leur dieu. Un silence profond régnait dans cette assemblée; chacun était recueilli, l'être le plus léger était forcé au respect. Le prédicateur avait pris pour texte de ses discours ces mots si touchans de la parabole de l'enfant prodigue. — Voici, je retournerai vers mon père et je lui dirai: Mon père, j'ai péché contre le ciel et contre vous.

Ce texte à lui seul était une forte leçon pour Adrien. Il ne put l'entendre sans tressaillir. Le prédicateur s'attacha à démontrer que ce que Dieu exige de nous, c'est un humble recours à sa grâce et à sa bonté. « Attendre d'avoir des mérites pour s'approcher de Dieu, dit-il, c'est vouloir cueillir le fruit avant d'avoir planté l'arbre, c'est vouloir agir sans avoir la vie. Sa miséricorde divine brille en ce qu'elle nous reçoit souillés et nus, faibles et dans le plus misérable état. Dieu veut le repentir. Il veut que le pécheur lui crie : J'ai péché ! pourvu que ce cri parte du fond d'un cœur contrit. De même qu'un bon père tend les bras à son fils rebelle sitôt que celui-ci implore son pardon, Dieu accueille le pécheur dès qu'il avoue sa rébellion, qu'il dépose les armes à ses pieds, et qu'il se repent dans l'amertume de son cœur. »

Chaque trait de ce discours atteignait Adrien au cœur. Il semblait qu'il était fait exprès pour lui, que chaque détail avait été emprunté à l'histoire de sa désobéissance. Il crut même s'apercevoir que le prédicateur, en peignant à larges traits l'état de malaise et de maladie de l'âme révoltée, fixait souvent les yeux sur lui et semblait le prendre à partie. S'il eût pu fuir sans attirer sur lui les regards des fidèles, il l'aurait fait, car il était là sur la sellette comme un criminel devant son juge. Alors cette parole de l'aveugle lui revint à la mémoire : *Si Dieu veut avoir votre âme, il l'aura. Vous êtes cerclé par sa puissance.* Effectivement il ne pouvait faire un pas sans entendre une voix accusatrice. Il semblait que les événemens les plus simples se tournaient entre lui. L'esprit de Dieu le persécutait. En lui, hors de lui, de près, de loin, sa vue jetait le trouble dans son âme. Il se rappela Oreste poursuivi par les furies, et il eut peur, car cette fiction devenait une réalité à son égard.

Adrien sortit avec la foule. Cependant une pluie subite était survenue. Le portique se remplissait d'une foule de gens qui venaient y attendre qu'une éclaircie leur permît de reprendre leurs courses dans les rues. Adrien s'y réfugia aussi. Comme il s'y promenait à pas lents, les mains dans ses goussets, en réfléchissant sur ce qu'il avait à faire le lendemain, le prêtre qu'il venait d'entendre passa près de lui, entouré de quelques personnes qui semblaient le consulter. Il fixa Adrien, fit quelques pas en sens opposé de lui, puis tout à coup revenant à lui, il l'aborda en lui frappant légèrement sur l'épaule :

— Jeune homme, lui dit-il, tout ce que j'ai dit vous regarde ; oui, cela vous regarde particulièrement. songez-y bien.

Et il s'éloigne et disparaît au milieu de la foule avant qu'Adrien ait pu seulement ouvrir la bouche ni revenir de sa surprise.

— Mais c'est vraiment effrayant, dit-il en réfléchissant à cette aventure ; ma faute est-elle donc écrite sur mon front, suis-je marqué à la figure comme Caïn ? Tous ceux qui me rencontrent devinent ce qui se passe en moi et me le reprochent. L'enveloppe de mon âme est donc devenue transparente? Comme il réfléchissait avec effroi à cette dernière circonstance, il passa près d'un groupe où l'on causait du sermon qui venait d'avoir lieu.

— Bah! disait un jeune homme, tout cela gît dans l'imagination. Les hommes sont de grands enfans ; ils inventent des mots, puis ils en ont peur.

— En vérité je commence à le croire, dit Adrien. Les terreurs que j'éprouve ne sont peut-être que des hallucinations de mon cerveau. Si j'avais l'estomac rempli et ma bourse garnie, les choses se présenteraient à moi sous un tout autre aspect. Chassons ces vilains fantômes, et pour remettre toutes choses en équilibre, allons souper.

CHAPITRE VIII.

Misère. — Troisième appel.

Le lendemain, Adrien se leva d'assez bonne heure, dans la ferme intention d'employer sa journée en courses et en démarches pour se procurer de l'occupation. Il déjeuna copieusement, s'occupa avec soin des détails de sa toilette, et, s'étendant dans un fauteuil, il se mit à fumer nonchalamment un cigarre de la Havane, en attendant l'heure de l'ouverture des bureaux. Soit que le bien-être matériel dont jouissait son corps à la suite d'un bon repas influât sur son imagination, soit peut-être que l'espérance de réussir dans les tentatives qu'il allait faire lui fît goûter par avance le bonheur du succès, il se sentait ce matin-là d'une légèreté et d'une gaieté qu'il n'avait pas encore ressenties depuis le jour où il fit la rencontre du vieil aveugle sur le bord de la grande route.

— Je parierais, disait-il en suivant dans l'air les spirales bleues de la fumée de son cigarre, je parierais que c'est ce vieux singe-creux qui m'a ensorcelé. Ai-je été bête de l'écouter si docilement! si je m'étais avisé de lui mettre ses raisonnemens au pilori, comme j'ai vu mon ami Georges le faire quelquefois avec certains raisonneurs qui se croient fameux parce qu'ils poussent tant bien que mal un syllogisme en tierce ou en quarte; si je lui avais répondu enfin à ce vieil hibou, j'imagine qu'il ne m'aurait pas embété si long-temps de ces histoires. Au fait, cependant, c'est un brave homme. Son livre vaut bien trois francs, bien que mon fripier d'hier se soit obstiné à ne vouloir m'en donner que dix sous. C'est un brave homme, mais il divague. Car, enfin, si nous sommes cerclés comme il me le disait, par une main invisible, cette main doit être un appui pour ceux qui s'y fient, une verge pour ceux qui s'en moquent. Moi, je la nie. Donc elle doit m'empêcher de réussir dans tout ce que je tenterai hors de son impulsion. Par conséquent je dois échouer dans les visites que je vais faire, puisque mon devoir serait de retourner chez mon père et non pas de songer à m'établir ici. Eh bien, nous allons voir. Je mets cette main au défi.

C'est par de pareilles impiétés qu'il s'affermissait toujours plus dans la désobéissance!....

Il sortit vers les dix heures. Le premier négociant auquel il s'adressa ne voulut pas même l'écouter, et lui répondit brusquement qu'il n'avait besoin de personne. Un autre, après bien des questions, lui dit qu'il le trouvait trop jeune, trop inexpérimenté. Un troisième ne le trouva pas suffisamment instruit. Celui-ci aurait accepté ses services s'il eût su l'anglais. Celui-là le renvoya en le traitant presque de vagabond. Partout il rencontra l'indifférence la plus décourageante, il fut abreuvé de mortifications. Deux jours se passèrent ainsi, sa liste était épuisée; il avait frappé à toutes les portes et aucune ne s'était ouverte pour lui. Cependaut ses dix francs tiraient à leur fin Qu'allait-il devenir? En passant devant une maison de commision, il vit pendu à la porte cet écriteau : *On demande un garde-magasin*. Il entra. Le patron le reçut avec bienveillance, lui fit exécuter quelques calculs pour s'assurer de son savoir, et parut satisfait. Il lui proposa huit cents francs d'appointement. Adrien, au comble de la joie, ne fit pas la moindre observation. On est peu difficile quand on est sur le point de manquer de pain. C'est en attendant, pensait-il, ceci me donnera le temps de chercher mieux.

— Quand puis-je entrer dans mes fonctions? demanda-t-il.

— Sitôt que vous aurez versé à ma caisse douze cents francs de cautionnement.

Malédiction! douze cents francs; il ne possédait pas cent sous. La honte de l'avouer fit qu'il se tut; mais le *c'est bien*, qu'il prononça d'une voix creuse, apprit au spéculateur qu'il ne devait pas compter sur lui. Et il n'y compta pas, car peu d'heures après la place était donnée et remplie par un vieux maître d'équipage estropié, qui avait réussi à amasser quelques cents francs en faisant la contrebande.

— Se fait-on idée d'un guignon comme le mien? disait-il en revenant à son auberge. Il faut certainement que le diable s'en mêle. Eh bien! si je ne suis pas propre à faire un commis, pas même un garde-magasin, voyons si quelqu'un voudra de moi comme manœuvre.

Le premier établissement qui s'offrit à lui était une raffinerie de sucre. Il demanda au concierge si l'on pouvait parler à son maître.

— Que lui voulez-vous? lui demanda le vieux Cerbère.

— Je désire avoir de l'ouvrage.

— Vous êtes donc raffineur?

— Non, mais ne puis-je le devenir?

— Ah! vous croyez que cela s'apprend d'un jour; vous croyez que l'on a du sucre à gâcher pour le plaisir de vous apprendre le métier. Ah! bien oui. D'ailleurs, ajouta-t-il en toisant Adrien de la tête aux pieds, il nous faut des hommes ici et non des....... Un reste de politesse l'empêcha de dire le mot.

— Mais je suis fort quoique petit, répondit Adrien.

— Voyons ça. Chargez-moi donc un peu sur cette brouette cette sache de cassonnade.

Adrien essaya, mais il n'en put venir à bout.

— Je vous le disais bien, jeune homme, reprit le concierge, croyez-moi, ne vous fourrez pas dans un métier où il faut être fort comme un cheval. Faites plutôt des allumettes. Vos mains me semblent habituées à cela.

Adrien s'en alla, accablé de sa nullité.

— Hélas! disait-il, j'ai voulu voler sans ailes, chaque effort est une chute.

Alors il comprit que pour vivre en ce monde il faut avoir un talent, une supériorité quelconque. A défaut de science il faut au moins de larges épaules; une tête bien meublée ou des bras musculeux.

En ce moment il passait devant un entrepôt de charbons de terre. Il vit une dizaine d'hommes dont l'unique occupation était de charger des tombereaux et de mesurer de la houille.

— Dépêchez-vous donc, leur disait avec un accent de colère un homme qui semblait être leur maître, jamais vous n'aurez fait avant la nuit.

— Dam! notre bourgeois, répondit l'un d'eux, nous ne pouvons faire l'ouvrage de quinze hommes. Donnez-nous des bras de plus.

— Tiens, dit Adrien, voilà qui tombe à point. Certes, je puis faire cet ouvrage-là. C'est un travail de machine.

Il s'approcha du maître charbonnier et lui offrit ses services.

— Je veux bien, mon garçon, lui dit l'homme en souriant d'un air malicieux, prenez une pelle si vous n'avez rien de mieux à faire, et démenez-vous dans le bon style.

En le voyant se mettre à l'ouvrage, les charbonniers se regardèrent entre eux, et chuchotèrent dans une espèce de patois qu'Adrien ne comprit pas. On lui assigna sa place. Il se mit à travailler avec ardeur, mais bientôt il s'aperçut qu'on l'avait placé sous le vent des autres ouvriers, et que toute la poussière qu'ils soulevaient passait sur lui. Il vit bien que cela avait été fait à dessein, mais il n'osa pas s'en plaindre, car il était trop heureux d'avoir trouvé cette occupation. Pouvant à peine respirer, ruisselant de sueur et noir de la tête aux pieds, il acheva la journée. Il sentait la poussière pénétrer tous ses vêtemens, obstruer ses narines et sa gorge, et lui causer dans les yeux des picotemens douloureux. — Ce sont probablement les inconvéniens du métier, se dit-il. Ces gens-ci y sont habitués, je suis de la même chair qu'eux, je m'y ferai. La cloche qui annonce la fin du travail sonna enfin. Il en était temps, car ses mains inaccoutumées aux chocs et au toucher des instrumens commençaient à se remplir de cloches. Il passa au bureau avec les autres travailleurs, et toucha quinze sols pour sa demi-journée. Ce salaire lui parut bien peu de chose, c'était cependant mieux que rien.

— Reviendrai-je demain? demanda-t-il au patron.

— Aussi long-temps que cela vous arrangera, lui répondit-il. Comme il s'éloignait pour regagner une auberge, un des ouvriers, qui paraissait l'attendre à la porte de l'entrepôt, l'arrêta et lui posa sur l'épaule sa large main toute sillonnée de veines et de muscles.

— Garçon, lui dit-il, le métier est trop rude pour vous. C'est bon pour une fois, mais n'y revenez pas. Il ne convient pas qu'un blanc-bec nous coupe l'herbe sous les pieds. Nous ne manquons pas d'enfans, l'ouvrage est pour eux avant vous. Vous comprenez.

Adrien balbutia quelques mots et s'éloigna. Il sentit que devant ce colosse il n'y avait pas à répliquer.

— Que les hommes sont injustes ! s'écriat-il avec amertume ; les pêcheurs de moules m'ont repoussé, les charbonniers me chassent. Ce n'est donc pas le tout que de vouloir travailler pour gagner son pain? La jalousie me barre partout le passage ; faudra-t-il que je périsse de misère ?

C'est qu'il ignorait encore, l'étourdi, qu'il ne suffit pas d'être misérable pour se mêler aux misérables, mais qu'il faut en avoir les habits. Au reste, ces quelques heures de travail avaient presque fait la métamorphose, et ceux qui l'avaient vu le matin sortir de son hôtel propre et bien vêtu, auraient eu de la peine à le reconnaître sous la couche de malpropreté qui couvrait sa peau et ses vêtemens. La poussière du charbon, mêlée à la sueur, avait pénétré tous les pores. Son linge était noirci; il n'avait de blanc que le blanc des yeux.

— Que vous est-il donc arrivé, monsieur ?

lui dit d'un air effrayé le garçon d'hôtel, auquel il demanda la clef de sa chambre. Ah! bon Dieu! vous voilà noir comme un forgeron.

— Si vous disiez comme un charbonnier, répliqua Adrien avec humeur ; vous auriez raison, car je suis charbonnier à compter de ce jour.

Le garçon alla vite conter le fait à son maître, qui monta peu d'instans après dans la chambre d'Adrien.

— On me dit, monsieur, que vous vous êtes fait charbonnier. C'est sans doute une plaisanterie, quoique votre figure annonce le contraire.

— Eh non, monsieur, c'est une triste réalité. Croyez-vous qu'on se barbouille ainsi par amusement? Que trouvez-vous là d'étrange? n'est-ce pas un état comme autre? Est-on déshonoré pour être charbonnier?

— Non, certes, répondit l'aubergiste Chacun est libre de faire de sa personne ce que bon lui semble ; mais je vous ferai observer que je ne loge pas de charbonniers, et qu'il sera nécessaire que vous cherchiez un autre gîte pour ce soir même : vous me donnez vingt sols de votre chambre, vous me saliriez pour plus que cela de draps et de serviettes.

— Et où voulez-vous que j'aille à cette heure? s'écria Adrien, hors de lui de cette nouvelle persécution.

— Où logent les charbonniers, monsieur. Vous trouverez sur les quais des logeurs qui vous hébergeront pour cinq sols. Ce sera plus en harmonie avec vos moyens.

Adrien batailla long-temps encore, mais il lui fallut bien céder. Il paya ce qu'il devait, et heureusement il eut juste de quoi satisfaire son hôte.

Prenant sous son bras son sac de voyage, dans lequel il ne restait plus qu'une mauvaise paire de souliers et son livre de prières, il se prépara à sortir. En passant près de la fenêtre il se heurta contre le fauteuil où deux jours auparavant il avait dit, en parlant de Dieu et en fumant son cigarre de la Havane: *Je mets sa main au défi.*

CHAPITRE IX.

Abîme. — Dernier appel.

Il était nuit. Adrien parcourut pendant plus d'une heure les quais avant de trouver le gîte qu'on lui avait indiqué. Chemin faisant, il se lava la figure et les mains dans le bassin d'une fontaine, et secoua son habit tout chargé de poussière de charbon. L'idée de coucher à la belle étoile lui vint un moment; mais la crainte d'être surpris par les patrouilles de nuit, d'être mené devant un commissaire de police et d'entendre son nom, le nom de son vénérable père accolé à celui de vagabonds, le détourna tout-à-fait de cette pensée. Il s'assit sur un tas de matériaux de constructions, et se mit à réfléchir sur ce qu'il devait faire le lendemain.

Sa position était embarrassante. Il se trouvait placé, d'un côté, entre la faim qui n'a pas d'oreille, la misère qui efface ce qu'il y a dans l'homme de principes honnêtes et purs, et les menaces de l'ancien charbonnier. Il fallait qu'il tombât dans l'un ou dans l'autre de ces maux. S'il ne retournait pas au travail, la famine l'assiégeait dès le lendemain, sa santé pouvait en souffrir, et que deviendrait-il s'il tombait malade si loin de chez lui? S'il se représentait à l'entrepôt, il serait certainement battu et maltraité ; mais son obstination pouvait triompher de la malveillance des ouvriers, il pouvait, en exposant sa position au chef, se mettre sous sa protection ; il avait enfin la triste chance de se résigner ou de s'habituer aux coups.

— J'irai donc, dit-il en se levant ; et si leur méchanceté va trop loin, ne puis-je me défendre? J'ai moins de force qu'eux, mais je me ferai des armes de tout ce qui me tombera sous la main. C'est mon existence que je défends. J'ai le droit de vivre comme eux ; et puisque cette vie n'est qu'une lutte entre les forts et les faibles, luttons jusqu'à ce que les forces me manquent.

Au moment d'entrer dans l'allée étroite et puante qui conduisait à l'habitation du logeur, il réfléchit que son sac vide n'était pas propre à lui attirer beaucoup de crédit. L'exemple de son ami Georges lui revint à la mémoire ; il rôda un instant dans la rue, cherchant de la paille ou des feuilles mortes pour le bourrer ; mais il ne rencontra que des monceaux d'ordures, parmi lesquels il fit un choix. Pourtant, par un reste de respect pour son livre de prières, il le retira du sac et le cacha dans sa poche, afin de ne pas le confondre parmi les débris de légumes. Il est probable qu'il ne se rendit pas compte de ce mouvement ; mais s'il avait interrogé son cœur sur les motifs secrets qui l'avaient fait agir ainsi, il aurait peut-être découvert que cette crainte de manquer de respect à la parole de Dieu était une preuve que cette parole conservait encore une influence sur lui.

Le stratagème du sac lui réussit. Le logeur ne lui fit pas la moindre des questions sur sa position financière, il lui demanda seulement son nom, l'établissement où il travaillait, et l'admit sur ces renseignemens au nombre des commensaux de sa maison.

Je ne sais si vous avez jamais visité un de ces vastes dortoirs où les ouvriers des grandes villes viennent chaque soir s'empiler, au nombre de cinquante ou soixante, dans la même pièce. Gardez-vous d'en juger par ce que vous avez pu voir dans les hôpitaux ou dans les casernes. Il y a là un ordre, une règle à laquelle chacun se soumet. La propreté y est strictement observée; personne n'y est maître de sa volonté, chacun en fait le sacrifice au bien-être général. Dans le dortoir populaire, c'est tout autre chose. Le caprice est la seule règle reconnue.

Figurez-vous une chambre qui n'a souvent pas plus de trente pieds de profondeur sur dix-huit ou vingt de largeur. Le long des murailles et au milieu même de la salle règnent de longues files de lits, bien serrés les uns contre les autres. Chaque couche, faite pour une personne, reçoit néanmoins deux dormeurs. C'est le plus souvent le hasard qui les réunit; quelquefois cependant l'amitié ou des rapports d'état et d'atelier forment les couples. Mais que les goûts s'unissent ou non, chacun de ces êtres vit à sa manière sans s'inquiéter du voisin. L'un chante tandis que son camarade tombe de sommeil. Celui-là, musicien des guinguettes, râcle son violon; l'un fume, l'autre boit;

ceux-ci jouent aux cartes. Le plancher gras et visqueux est couvert de débris d'os, de chiques de tabac, de bien pis encore quelquefois. Un air empoisonné, épais, chargé des exhalaisons de tous ces corps malpropres, circule à grand'peine dans la chambre, car c'est ici un fléau des dortoirs. Quel que soit le nombre des fenêtres jamais on ne les ouvre. Ceux qui en sont près en défendent obstinément l'approche, et pour ne pas gagner du froid ou des rhumes, ils asphyxient sans pitié leurs camarades.

C'est dans un bouge semblable que l'on introduisit Adrien. Ce soir-là, je ne sais à quel propos, il y avait fête et réjouissance dans ce lieu. Une quarantaine d'individus, groupés autour d'une table ronde, chantaient et buvaient tumultueusement. Les propos impies et obscènes se croisaient dans l'air avec les hoquets de l'ivresse, et toutes ces figures, éclairées par une seule chandelle fichée dans le goulot d'une bouteille, riaient en grimaçant d'une manière qui faisait mal à voir. Les uns, demi-nus et couchés plutôt qu'assis sur leurs chaises, soutenaient à peine leur tête hébétée par l'ivresse. D'autres, plus vigoureux athlètes du vice, puisaient encore à longs traits dans les flancs d'une vaste cruche dressée au milieu d'eux. Il y avait là des ouvriers de tous les états, des forgerons noircis par la vapeur des fournaises, des calfats barbouillés de galipote, des haleurs, des matelots goudronnés, des nègres, gens de tous pays, qui n'avaient de commun que leurs vices et leurs goûts dépravés.

Quand Adrien entra et qu'il se sentit frappé à la figure par l'air puant de cette chambre, quand il eut parcouru d'un regard ce groupe hideux, il fut sur le point de se sauver, repoussé par l'horreur de se trouver en contact avec des êtres de cette nature. Il ne s'était encore fait aucune idée de cette espèce de débauche-là ; celle qu'il connaissait, celle à laquelle il s'était livré pendant quelque temps, c'était la débauche en habit de fête, la débauche élégante qui se couronne des flammes bleuâtres du punch, qui s'ébat dans de riches salons, et conserve dans ses excès quelque chose de spirituel et de moqueur. Il avait bu quelquefois pour s'égayer, pour s'étourdir, mais jamais comme ceux-ci avec l'intention arrêtée de perdre l'usage de la raison, de se gorger de vin pour le seul bonheur de se gorger. Ce plaisir immonde lui souleva le cœur, il se glissa timidement vers la fenêtre, dans le coin le plus obscur qu'il put trouver, et s'assit à terre sur son sac.

—Voilà donc le fruit de ma désobéissance, se disait-il, la tête cachée entre ses mains ; dans quel abîme suis-je descendu ! Oh ! mon père ! que vous êtes bien vengé ! Que j'expie amèrement la faute de n'avoir pas voulu vous écouter !

Il se rappela alors cette parole du vieil aveugle : *Si vous ne venez pas de vous-même à Dieu, il vous amènera de force.*

—Que ferai-je maintenant, se demanda-t-il avec angoisse ; y a-t-il encore un pardon pour moi? une lueur d'espérance?

Il tira son livre de prières de sa poche et le parcourut un moment. C'était la première fois depuis sa sortie de la maison paternelle qu'il recourait à ce divin remède. Il feuilleta long-temps, rencontrant partout des paroles de condamnation et de mort, des déclarations désespérantes qui le forçaient à s'écrier : Cette parole est dure, qui pourrait l'entendre?

—Oh mon Dieu ! s'écria-t-il en levant péniblement son regard vers le ciel, tout est-il donc fini pour moi, serais-je rejeté à jamais, m'abandonnerez-vous? Et il se frappait le front, et il pleurait, le malheureux!....

Mais Dieu, qui se tient particulièrement près des âmes souffrantes et angoissées, ne tarda pas à répondre à cet appel, parti du fond d'un cœur repentant; Dieu, si terrible aux orgueilleux, s'approcha avec bonté de cette âme pénitente, et lui fit voir ces mots miséricordieux : *Venez à moi, vous tous qui êtes travaillés et chargés, et je vous soulagerai, et vous aurez le repos dans vos âmes.*

—*Vous tous*, répétait Adrien avec une joie mêlée de crainte, tous les hommes, moi donc aussi! Oh bonheur! ô amour! Oui, Seigneur, j'irai et vous me guérirez; j'irai, et le poids qui étouffe mon âme sera enlevé par votre main puissante. Et il se mit à prier avec ferveur pour obtenir la force de persévérer dans cette résolution..... et il pleura sur ses fautes.

Mais tandis que son âme, réveillée enfin par l'influence irrésistible de l'Esprit saint, jouissait dans l'oraison de l'avant-goût du pardon et des joies spirituelles, un grand silence se fit tout à coup dans la chambre, et une voix s'écria :

— Un mouchard !

Adrien venait d'être aperçu. Sa figure inconnue à tous les habitans de ce lieu, la manière dont il se tenait à l'écart, et peut-être aussi son air pensif leur avaient suggéré l'injurieux soupçon que l'un d'eux venait d'exprimer.

— Bouchoyons le mouchard, hurla un des calfats en brandissant le couteau qu'il portait à sa ceinture; oui, saignons-le, le traitre, le gueux; viens ici que je t'écorche.

Adrien sentit que le courage seul pouvait le sauver de ce mauvais pas. Il s'approcha d'un air hardi, et s'adressant au furieux qui l'avait apostrophé :

— Je ne suis pas un mouchard, lui dit-il, je suis charbonnier; je viens ici chercher un gîte comme vous, et je pense pouvoir y être tranquille comme vous.

— En voilà une soignée, s'écria un forgeron; dis donc, mon fiston, depuis quand que les charbonniers ont-ils les mains blanches comme de la farine?

— Depuis qu'il y a de l'eau à la mer, répondit Adrien sans s'émouvoir.

— Tiens, tout de même ça se peut, d'autant que c'est aujourd'hui samedi. Alors si tu n'es pas mouchard, tu vas boire avec nous.

— Non, répondit Adrien, que sa conscience pressait de ne rien faire qui eût l'air d'une adhésion aux scènes de désordre qui se passaient sous ses yeux ; je ne boirai pas, car je n'ai pas soif.

— C'est tout de même étonnant pour un charbonnier. Tu payeras du moins ta bienvenue, et tu vas chanter la gaudriole avec nous.

— Je vous ai dit que je voulais être libre et tranquille, répondit Adrien avec calme. Je vous laisse bien libres, moi, de faire un vacarme infernal. C'est demain dimanche, vous avez raison, je vous remercie de me l'avoir rappelé. Mais je vous rappellerai aussi que le dimanche est un jour consacré à Dieu, et qu'il vaudrait peut-être bien mieux réfléchir à vos péchés que de boire et de chanter pour aggraver votre état devant Dieu.

Cette simple mais franche confession de la vérité souleva un orage de blasphèmes et de propos impies dont je vous épargne la lecture. Le nom puissant de *Dieu*, jeté tout à coup au milieu de ces hommes, déchaîna toute leur fureur, car ils se sentaient surpris en flagrant délit, et ils hurlaient comme les démons de l'enfer quand une proie leur échappe. Adrien fut effrayé de cette explosion de haine. Où donc avait-il pris, lui si timide, le courage de parler avec une telle fermeté?

— Ah! je me fiche bien du dimanche et de mes péchés, s'écria le forgeron en se levant; tiens, vieux chien, grand bâtard, me donnes-tu cent sous de ma place du paradis, m'en donnes-tu dix sous, je vas te la céder en forme? et il griffonna je ne sais quoi sur un bout de papier qui avait servi à envelopper son tabac. Allons donc, si tu y attaches tant de prix, achète à bon marché; et se dressant sur sa chaise comme un commissaire-priseur, il se mit à crier, au milieu des applaudissemens de tout le cercle : A dix sous une place au paradis, à dix sous! En voici la cession en bonne forme.

— Signez-la, dit une voix profonde qui retentit dans la chambre comme un éclat de tonnerre!

Un mouvement de frayeur passa sur toutes

les figures et éteignit toutes les voix. Le forgeron se retourna et vit derrière lui un grand personnage vêtu de noir, dont le regard sévère, fixé sur le sien, l'obligea à baisser les yeux. Quel était cet étranger? comment était-il venu? On l'ignorait. Personne ne l'avait vu entrer, il s'était approché sans bruit, comme un spectre, comme un remords, pour dire à l'impie : Signez. Et il n'osa pas signer, et il trembla comme un condamné.

Ce fait avait trop d'éloquence par lui-même pour risquer d'altérer son énergie par des paroles. L'inconnu jeta sur tout le groupe un regard de mépris, et prenant Adrien par le bras, il l'entraîna.

CHAPITRE X.

Je n'ajouterai que peu de mots à ce récit déjà bien long. Le père d'Adrien, affligé de la rebellion obstinée de son fils, mais ne croyant pas qu'un jeune homme qu'il avait connu si doux, eût pu, en quelques mois, changer de caractère, ne s'était pas au premier instant beaucoup inquiété de la résolution qu'il annonçait de passer en Amérique. Il savait qu'avec la somme qu'il lui avait surprise il n'y avait pas moyen d'effectuer un si grand trajet, et qu'un peu plus tard il le verrait revenir à lui. Un mois s'était écoulé, il attendait toujours, et aucune nouvelle de son fils ne lui parvenait. Son cœur prit enfin l'alarme. Il fit écrire à Dunkerque ; les premières informations furent vaines. Effrayé des malheurs auxquels s'exposait son enfant, et des conséquences fâcheuses qu'un plus long abandon pouvait avoir sur ses dispositions morales, il fit partir en toute hâte un de ses parens, homme ferme et pieux, beaucoup plus propre que lui à remplir cette tâche difficile. Celui-ci ne tarda pas à retrouver les traces du fugitif. Il le suivit pendant quelques jours à Dunkerque même, pour juger, d'après les actions d'Adrien, de la conduite qu'il devait lui-même tenir. En effet, les impressions morales étant les seules durables, il importait beaucoup de ne pas l'aigrir par une sévérité hors de propos, ou de ne pas l'encourager par un air de condescendance qui eût pu atténuer à ses yeux la gravité de sa faute.

Il le suivit donc dans ses courses chez les négocians, dans son travail chez le charbonnier ; il le vit courageux quoique révolté, fuyant les vicieux quoique coupable, se résignant à toutes les conséquences de son aveuglement avec une énergie qui décelait que son cœur n'était pas démoralisé, mais égaré. Vous savez comment il le surprit, comment il l'emmena.

Beaucoup auraient pris occasion de la circonstance pour faire de magnifiques phrases et pour exiger de superbes promesses. Mais lui, élevé à l'école de notre Sauveur, sentit qu'il ne fallait pas briser le roseau courbé par l'orage, et que, puisque le lumignon fumait encore, il fallait se garder de l'étouffer. Rentré à son hôtel avec Adrien, il se jeta à genoux avec lui, et adressa à Dieu, en son nom et au nom de ce nouvel enfant prodigue, une fervente action de grâce, de ce qu'il l'avait gardé dans toutes ses voies, et de ce qu'il avait frappé le rocher pour en faire sortir une eau vive.

Adrien et son guide fidèle reprirent bientôt le chemin de la maison paternelle. Comme le cœur battait au pauvre enfant quand il revit de loin le clocher de son village et la blanche maison qu'habitait son vieux père!.... Ils n'avaient plus que quelques pas à faire pour l'embrasser, quand sur le bord du chemin, à l'entrée du cimetière, une croix de bois frappa ses regards: il se pencha par un mouvement involontaire, et lut, en grosses lettres, le nom de Georges.

— Georges! dit-il avec effroi à son ami.

—Oui, Georges, mort de misère, mort avant le temps! — Adrien se couvrit la figure, puis leva les yeux au ciel.

LA MADONNA
DELLA SEDIA,

PAR HOUWALD.

Il n'est aucun de vous, mes petits lecteurs, qui n'ait vu de beaux tableaux et de superbes gravures où sont représentés un événement remarquable, des hommes illustres, ou même une apparition céleste. Peut-être vous a-t-il semblé que ces figures devaient avoir existé réellement telles qu'elles sont dessinées par l'artiste. C'est une preuve que l'auteur du tableau a été un grand maître et qu'il a su se pénétrer vivement de son sujet.

Mais si, d'une autre part, vous songez que le peintre n'a jamais pu voir les personnages qu'il offre à nos yeux, puisque des centaines d'années se sont écoulées depuis leur mort; alors vous vous écrierez dans votre admiration:

« Hélas! qu'il est fâcheux que ces beaux et nobles traits n'aient jamais été doués de la vie! qu'ils n'aient été créés que par le pinceau de l'artiste; et que nous ne prenions en affection que des êtres imaginaires! » Oui, certainement! ce serait bien fâcheux!... mais heureusement il n'en est point ainsi. Croyez-moi, il n'y a pas un trait dans ces figures d'hommes que le peintre ait inventé et qui n'ait pas existé dans le monde. De même que pour former vos guirlandes, vous vous promenez dans un jardin, afin de choisir les fleurs les plus fraîches et les plus jolies, l'artiste se promène dans le jardin de la vie, et choisit dans les figures humaines qui passent auprès de lui, les traits les plus nobles et les plus frappans pour en former dignement sa guirlande de héros, de mères et d'anges.

Son pinceau exerce ainsi une espèce de justice; dans son tableau, il donne au roi la tête noble et expressive d'un homme de condition obscure; il donne à l'ange le beau et innocent visage d'un pauvre enfant; avant qu'ils ne périssent, il retient les aimables et célestes traits dans lesquels brille la pureté de l'âme, pour les transmettre à la postérité, qui après des siècles les admire, les aime et souvent même les adore. C'est ce que vous allez voir par l'histoire du tableau de Raphaël, appelé *la Madonna della Sedia*, c'est-à-dire *la Vierge à la chaise*.

Dans une vallée déserte vivait, il y a plusieurs siècles, un ermite âgé et craignant Dieu. Après avoir éprouvé bien des peines et des pertes cruelles, il s'était retiré au fond de cette solitude pour y passer ces derniers jours dans la paix et la dévotion. Mais les hommes, qui ne voulaient pas être privés de sa sagesse et de sa piété, vinrent le visiter dans sa retraite ; et aucune âme affligée ne s'éloigna de la vallée déserte, sans emporter des avis salutaires et de douces consolations. Tout le pays l'aimait et le vénérait comme un saint.

Quoiqu'il eût renoncé à tout dans le monde, il n'avait pu empêcher son cœur de se créer quelques liens, et par cette raison il avait coutume de dire :

« J'ai dans ma solitude deux enfans, un qui parle et un autre qui est muet. »

Le premier était Marie, la petite fille d'un riche vigneron du voisinage, qui venait souvent seule en courant à travers les sentiers solitaires voir cet homme pieux, et jouer près de lui avec sa simplicité enfantine. L'enfant muet était un beau chêne planté tout près de sa cabane, et qui la protégeait de ses branches touffues.

Tantôt le vieillard s'amusait du babil de l'enfant, se plaisait à lui apprendre mille choses utiles, en la familiarisant avec la nature, et en répandant soigneusement la semence du bien dans son petit cœur ; tantôt il cultivait son chêne avec une sollicitude paternelle, lui apportant péniblement de l'eau dans les saisons arides ; nourrissait les oiseaux qui faisaient leurs nids dans ses branches ; et, par ses prières, détournait mainte hache barbare de son tronc vaste en noueux.

— « Sois toujours vert, mon fils, sois toujours vigoureux, disait quelquefois le vieillard en embrassant tendrement le chêne, je comprends le murmure de ton feuillage, et je te protégerai jusqu'au moment où tu ombrageras mon tombeau. »

Après un hiver extrêmement long et dur, qui avait couvert la terre d'une neige abondante, un dégel éclata un jour si subitement, que les torrens des montagnes se précipitèrent avec violence dans les vallées, et firent de grands ravages.

— « Hélas ! notre pauvre et pieux ermite, dit un matin le père de Marie, nous ne le reverrons plus ! j'ai vu les flots inonder sa vallée ; les arbres baignent dans les eaux jusqu'aux branches. »

La petite Marie pleurait et conjurait son père d'aller au secours du vieillard. — Mais c'était impossible et même inutile, car les flots devaient avoir couvert depuis long-temps le toit de sa cabane.

Cependant l'ermite fut sauvé, non par la main d'un homme, mais par son fils vigoureux et muet, dont les bras le tinrent en sûreté au-dessus des eaux. Au premier moment du danger, il s'était réfugié sur le toit de sa cabane, et bientôt il était monté courageusement sur le chêne, qui résista à tous les efforts de l'onde, quoique beaucoup d'arbres voisins fussent déracinés et entraînés. Trois jours se passèrent avant l'écoulement des eaux; et pendant ces trois jours le vieillard resta dans les branches, réduit à manger le peu de pain sec que sa précipitation lui avait permis d'emporter. Le matin du quatrième jour il descendit de l'arbre, et tomba sur la terre encore humide, exténué, sans force, et n'attendant plus que la mort.

Mais au lieu d'elle, un ange libérateur s'approchait. La petite Marie, qui n'avait pu résister à ses alarmes, accourait, à travers le bois fangeux, auprès de son ermite chéri. Malgré les inquiétudes de son père pour la vie du solitaire, elle avait conservé un peu d'espérance, et elle apportait une petite corbeille pleine de cordiaux. Elle se jeta sur le vieillard qui vivait encore, l'entoura de ses petits bras, et repoussa la mort loin de lui.

L'ermite, dans une prière fervente, remercia Dieu de ce secours inattendu, et prononça une sainte bénédiction sur ses deux enfans, que le Tout-Puissant avait choisis pour instrumens de sa délivrance miraculeuse; il supplia le ciel de les glorifier au-dessus des autres créatures de la terre, en récompense de leur fidélité.

Fortifié par les cordiaux apportés par Marie, il se fit conduire à la maison de son père, où il resta jusqu'à ce qu'il pût rentrer dans sa hutte solitaire.

Quand Marie eut grandi en innocence et

en beauté, et qu'elle fut devenue une épouse heureuse, l'ermite reposait depuis long-temps dans le tombeau; sa cabane s'était écroulée, le beau chêne était tombé sous les coups des haches, et on en avait fait de grands tonneaux à vin, que le père de Marie acheta.

—« Mais où est donc l'accomplissement de la bénédiction », me demanderez-vous, mes enfans, « puisque le bois de cet arbre chéri doit pourrir dans de sombres caves? »

Écoutez-moi patiemment. Un de ces tonneaux avait été vidé, et, comme les vendanges approchaient, on l'avait roulé jusqu'à la treille devant la maison, pour lui remettre de nouveaux cerceaux.

Voulant jouir d'une belle matinée d'automne, Marie, devenue mère de deux garçons, s'assit dans le feuillage; caressant son nourrisson, pendant que l'aîné jouait à ses pieds, elle regardait avec attendrissement la vallée qu'autrefois l'ermite avait habitée, et elle pensait que sa bénédiction s'était déjà accomplie et répandue sur ses enfans.

En ce moment passa un adolescent qui semblait livré à de douces rêveries. C'était RAPHAEL SANZIO, le plus grand peintre que le monde ait produit. Depuis long-temps il avait dans son esprit une image de la mère de Dieu et de l'enfant Jésus, mais il n'avait pu encore saisir assez dignement l'expression des têtes; il avait entrepris cette promenade solitaire pour mieux recueillir ses idées à ce sujet. Marie le salue d'un air affable. Il lève les yeux, et, l'apercevant avec ses deux fils, il lui semble qu'il trouve aussitôt ce qu'il cherchait en vain depuis si long-temps. Ne voyait-il pas la mère, dont les traits célestes reflétaient l'amour le plus pur et le plus fortuné? ne voyait-il pas sur son sein cet enfant beau comme un ange, qui, avec ses grands yeux doux, salue gracieusement son monde? Le fils aîné de Marie s'approchait, apportant gaiement une baguette sur laquelle il avait attaché une petite croix.

L'artiste, dans son enthousiasme, veut dessiner à l'instant même ce tableau vivant; mais il n'a rien à la main que son crayon. Aux premiers rayons de l'aurore, brillait la grande douve polie du tonneau. Raphaël n'hésita pas; il s'en approcha, et, après y avoir représenté fidèlement l'aimable Marie et ses enfans, il ôta la douve, la porta chez lui, et ne se permit point de repos qu'il n'eût terminé les images de la sainte mère de Dieu, de son enfant Jésus, et du petit Jean qui apporte une croix, comme s'il voulait la lui faire connaître déjà en jouant.

Raphaël Sanzio d'Urbino mourut en 1520, il y a plus de trois cents ans, mais son tableau vit encore, et sera conservé de race en race comme un objet sacré.

Vous voyez, mes chers enfans, que la bénédiction de l'homme pieux a été accomplie. L'art a réuni ces deux enfans chéris; le bois de l'arbre porte aujourd'hui les aimables traits de Marie et de ses enfans, et les cœurs pieux seront encore long-temps saisis et élevés par le charme de cette peinture, quoique les véritables figures qui y sont représentées soient réduites depuis des années en poussière.

Quelques-uns d'entre vous seront peut-être assez heureux pour visiter un jour la patrie de ce magnifique tableau ; ne manquez pas de le voir ; il est connu sous le nom de : la *Madonna della Sedia*.

www.ingramcontent.com/pod-product-compliance
Lightning Source LLC
Chambersburg PA
CBHW050634170426
43200CB00008B/1011